ハヤカワ文庫 NF
〈NF477〉

オペラ座のお仕事

世界最高の舞台をつくる

三澤洋史

HAYAKAWA NONFICTION

早川書房
7854

目次

オペラ座のお仕事

世界最高の舞台をつくる

プロローグ

二〇〇七年、新国立劇場[*1]シーズン開幕公演「タンホイザー」のオーケストラ付き舞台稽古[*2]。指揮者のフィリップ・オーギャン氏が突然言い出す。

「『聖なるエリーザベト我のために祈り給え』というタンホイザーのセリフがまだ終わらないうちに女性たちが登場するのが目障りだ。次の音楽が始まってからに出来ないか

＊1　ここが僕の仕事場。一九九七年に東京都の初台に開場した、我が国が誇る本格的な歌劇場。オペラ、舞踊、演劇の三つの部門が、年間を通して沢山の公演を行っている。
＊2　リハーサル室で歌手の演技をつけ終わると、場所を舞台に移して、本物の舞台セットを使っての練習となる。これが舞台稽古。歌手にとって、劇場の響きを確認するのは勿論のこと、舞台袖から舞台までの距離を測って登場や退場のタイミングを確認したり、舞台セットの登り降りを確認したり、歌以外にも細かい調整が無数にある。

な」

　そして演出家を呼ぶ。演出家のハンス＝ペーター・レーマン氏が指揮者のところに来る直前に、僕は舞台上からオーギャン氏に向かって叫ぶ。*3

「それは出来ません！　マエストロ！　それをやったら確実に女声合唱がズレます」

「これは音楽上必要なことだよ」

「気持ちは分かりますが、駄目です！　絶対に駄目です！」

「タンホイザー」最終景の若き巡礼者たちの女声合唱の個所である。タンホイザーはギリギリまで歌っていて、歌い終わると同時にテンポが変わり、女声合唱が始まるまでわずか一小節の間奏しかない。だから、ただでさえ合わせるのが難しいのだが、加えて女性が全速力で舞台上に走り込みながら歌う演出になっているのだ。

　他の合唱指揮者だったら、稽古初日に演出家がそういった要求をした時点で、

「出来ません」

　と言うところかも知れないが、この場面がうまくいったら最終景が感動的なものになることが分かった僕は、稽古を重ねる中で演出家とも相談していろいろ解決策を探していた。

そしてようやく解決したと思ったら、指揮者から女性の登場のタイミングを遅らすような指示が出たので、僕は拒絶したわけである。

　僕たちがこれまでに考えた解決策とはこうである。最初に登場する一〇人の女性たちは、ギリギリ歌い始める直前で舞台中央に到着する。彼女たちだけが（息は切れているかも知れないが少なくとも）最初のフレーズを「静止して指揮を見ながら」歌えるのである。残りの全員は「Heil! Heil!」と歌う瞬間、全速力で走っている。

最初僕は舞台稽古でこの一〇人だけで歌い始めさせたが、やはりそれでは少なすぎてサウンドとして成り立たない。そこで考えた。この一〇人を核としてしっかり歌わせ、他の女性たちには、舞台袖で振る副指揮者の赤ランプを頼りに、走りながら歌うよう指

＊3　歌手たちに演技をつけるだけの人と思われることが多いが、そういうわけではない。舞台美術から始まって、衣裳、照明のコンセプトなど、舞台上のビジュアル面での全責任を負う。演技は音楽とも連動しているので、しばしば指揮者と喧嘩する。オペラの世界では、近年ます ます演出家の比重が大きくなってきて、そのオペラの本質を「どう読み込むか」が、演出家にとっても聴衆にとっても、興味の中心となっている。時代や場所を台本とは全然違う設定にしたり、奇抜な動きや衣裳で聴衆のど肝を抜いたりする演出も増えているが、日本人はどちらかというと保守的な演出を好む。

示を出した。核になる一〇人が聞こえる程度の音量に抑えて歌わせたら、なんとかズレないで済んだ。

でも、もしこの最初の一〇人のタイミングが少しでも遅れてしまったら、アインザッツ[*4]の瞬間に彼女たちはまだ走っていることになる。そうなると確実に歌える人が誰もいなくなってしまう。だから今回ばかりはマエストロの指示に従えないのだ。もしそれでもどうしてもとなったら、むしろ演出を根本から変えるしか方法はない。

演出家のレーマン氏がマエストロと言い合っていたかと思ったら、すぐに舞台に上がってきた。レーマン氏は僕たちを守ってくれた。これで二対一になって合唱のアインザッツは守られた。オーギャン氏はしぶしぶ従った。

合唱指揮者はこうやって時には指揮者にNOと言う。だが、これをもって「うまくいっていない」とか「いさかい」とか思う人は、現場というものが何たるかを知らない。現場は、最も良いものを作り出すための戦いの場である。そのためには妥協してはいけない。みんなで遠慮してなんとなく仲良くして、その結果中途半端なものしか出来ないよりは、それぞれがとことん主張して議論してより良いものを築いていく方がどれだけ良いことか。

この話には後日談がある。次の日、同じところを衣裳付きで通した。すると女声合唱が見事にズレてしまった。オーギャン氏はとてもうろたえて、

「ここの場面をもう一回繰り返す！」

と怒ったように言い、それから僕を呼んだ。

「一体何が起こったのかね？」

「別に何も。昨日も言ったではないですか。ここはそれだけ難しい場所だということです。これまで合っていたのがむしろ偶然で、いつこうなってもおかしくなかったのです。今日は衣裳をつけているので、普段着の時のようには機敏に動けないのです。それにかぶりものもしているから、周りの音が聞こえにくくなっているのも事実です」

「ではどうしたらいいのかね？」

「簡単です。もう一度繰り返していただければ、利口な彼女たちのこと、何の心配もなく合うと思います」

＊4　曲の開始のことだが、アインザッツが「合う」とか「合わない」など、開始のタイミングを気にする時に使う言葉。

こんな時、もし僕が合唱団員たちに、

「何やってるんだ！」

なんて怒鳴ってしまったら、それこそ野暮だ。みんなプロだから、ズレたのは分かっているので、次は集中してやってくれるに違いない。

僕は彼女たちに言う。

「少し音量を落として、落ち着いて歌うように。合ってきたらだんだんフルヴォイスで歌ってくれればいい。初日までにはまだ時間があるからね」

予想した通り、二度目にはぴったり合った。さすが新国立劇場合唱団*5の女性たち。オーギャン氏はその時になって、僕が前の日に主張していたことの意味を理解してくれた。彼が前日に要求したことは、指揮者である彼にとってもリスクのあることだったのである。

西洋人との信頼関係は、ある意味、対立の中で培われるものだと思う。指揮者のオーギャン氏も演出家のレーマン氏も素晴らしい芸術家で尊敬しているが、僕は合唱指揮者として主張するべき時は自分の意見を言う。そうすることで、彼らは逆に僕という人間が何にこだわり、何を大切にしているかが分かり、僕や合唱団のことをとても尊重してくれるのだ。だから対立や議論から逃げてはいけない。

何故この本を書いたのか

僕は子供の頃からちょっと変わっていた。クラスメートと一緒にいても、どうもいろんな価値観が違っているようで、自分だけが浮いているのだ。その違和感もあってか、自分は将来外国に出て行って、世界中の人たちと自由に交わり、その中で自分のやりたいことをやるんだと勝手に決めていた。

小学校の頃はいたずらをして先生に怒られてばかりいた。授業参観の日、先生が黒板に字を書こうとして背を向けると、僕はすばやく立って親たちのいる後ろ側を向き、顔の両側に手を当てて「ベロベロバー」をする。みんなが笑うので先生がこちらを振り返ると、僕はもう座ってすました顔をしている。そんなことを繰り返しているうちに、先生がすばやく振り向いたらしい。みんなの笑い声が突然止んだ。

＊5　一九九七年の新国立劇場開場に合わせて組織された専属の合唱団。僕はここの合唱指揮者として、二〇〇一年から今日に至るまで活動している。

「三澤君、何やってるんですか！　廊下に立っていなさい！」

授業参観の日に、僕は親たちのいる前で廊下に出されて立たされた。母親の落胆ぶりが痛々しかったが、僕は自分のパフォーマンスに得意になっていた。だってみんな、あんなに笑ってくれたんだもの！

こんな僕が、今は新国立劇場という我が国最高のオペラ劇場で偉そうな顔して合唱指揮者をしている。合唱指揮者というのは合唱団の音楽的責任者であると同時に、公演指揮者や演出家たちと協力してオペラの舞台を作り上げていく使命を負っている。ところが、先に述べた「タンホイザー」での一件のように、「協力して」とは言いながら、オペラの現場というものはなかなか凄まじいものがある。演出については演出家がトップ、音楽については指揮者がトップ、とそれぞれのテリトリーに分かれているのだが、場合によっては、それぞれのトップが相手のテリトリーに土足で踏み込んでくることもあるのだ。

指揮者も演出家も、一家を成している人たちはみんな一筋縄ではいかない。そういう人たちと対等に渡り合っていくのは楽ではない。マイナス思考で考え始めたらすぐ胃が痛くなってしまうに違いない。けれども、僕はこの仕事に就いてから、胃が痛くなったことは一度もない。それどころか、毎日が楽しくて仕方がない。

好きなのだ、こういう生活が。天職というのだろう。様々な試行錯誤を通して、結果として、自分の合唱団も相手も、その持てる能力を最大限に生かして公演まで辿り着いた時の達成感って、ちょっと他では味わえないのだ。

子供の頃から周りに違和感を持っていたのは当たり前だ。僕は、オペラ劇場という世にも特殊な現場に最も適性のある人間だもの。そんな奴が普通の子供たちと合うわけがないだろう。もしかしたら、世の中で〝はみ出している子供〟というのは、みんなどこかに自分にピッタリ合うフィールドを持っているのではないか。僕がそうだったように。

何も僕はこの本で、対立を避けて〝なあなあ〟になってしまおうとする日本人の傾向を正したり、縦割り社会の硬直性にメスを入れたりしようなどという大それたもくろみを持っているわけではない。けれども、僕が劇場内の話を誰かにすると、決まって、「三澤さん、こういう話を是非本にして下さいよ。日本の組織を変えるヒントを示すためにも！」と言われる。

そうした言葉に乗せられて、ひとつだけ自惚《うぬぼ》れて言いたいことがある。それは、日本人はみんな「いいこ」になりすぎるのではないかということである。あるいは嫌われるのを恐れすぎると言った方が良いかも知れない。自分のやりたいことは迷わずやればいい。人の目など気にすることはない。

同時に、自分がどういう人間なのかを他人に知ってもらうための努力は惜しむべきではない。自分が何にこだわり、何をめざし、何は受け入れられないのか、はっきり示すことから人間関係を始めるべきではないかと思うのだ。

でも、ただのワガママ人間になってはいけないとも思う。その全ての思考と行動の原点には、〝善意〟がないといけない。善意は「いいこ」と似ているようだが全然違う。それは、月並みな言葉だけれど〝愛〟から導き出される無私なる感情だ。

自分の部下に対する愛、今関わっているプロダクションに対する愛、そして何より自分の仕事に対する愛である。僕の場合、それは勿論音楽そのものに対する愛だ。僕は、人に認められたり、出世したり、自分の自己実現をめざしたりすることよりも常に愛を優先させる。しかしながら、それが結果的に自己実現の最も近道となることも知っているのだ。

この本を読んで、もしみなさんが僕の様々なものに対する愛を感じ取ってくれたなら、これ以上嬉しいことはない。まあ、そんなことよりも、とりあえず読み始めてみて下さい。めちゃめちゃ楽しい僕の人生の真っ只中にみなさんを招待しますから。

第1部　こうして僕は指揮者になった

第1章　大工の息子が指揮者に……？

上野から高崎線に乗っていくと、神流川《かんながわ》を越えて埼玉県から群馬県に入る。その最初の駅が新町である。親父はこの町で大工をしていたが、僕が中学二年生の時に三澤建設という個人企業を興した。お袋は隣村の農家からお嫁に来て、姉二人と僕を産んだ。僕が小さい頃、家には丁稚奉公している徒弟が住み込んでいて、広い庭に職人たちが出入りしていた。僕は庭に散在している木っ端をノコギリで切ったり釘を打ったりして遊んでいた。

家から二〇〇メートルばかりの所には烏川《からすがわ》の土手があり、その向こうには河川敷が広がっている。土手の上からは、赤城山が正面にどーんと見え、その左には榛名山、そしてさらに左のはるか山並みからひときわ高く浅間山の輝く姿が見える。雄大な景色である。

ここは僕の格好の遊び場だった。バッタやイナゴあるいはザリガニを捕まえたり、段ボールの切れ端を尻に敷いて土手を滑り降りたりした。また、風呂敷を首に巻いてマントに仕立てて、当時僕が大好きだったナショナルキッドの真似をして走り回っていた。要するに僕は、普通のどこにでもいるようなただの洟《はな》垂れ小僧だった。家庭の音楽的環境というものはゼロだった。

モウモウ楽団でデビュー

こんな環境で育った僕が、何故指揮者になろうと思ったのか。僕が音楽に特別な興味を示すようになったのは、中学校に入ってからだ。グループサウンズやフォークソング華やかなりし頃で、僕はギターを弾いてみたいと思った。親父に楽器を買ってくれと頼んだがなかなかうんと言わない。仕方なくベニヤ板や他の木っ端を組み合わせて楽器を自分で作って弾いていた。そしたら親父が可哀想がって買ってくれた。

僕は早速教則本を買って独学でギターを始めた。それ以来、僕は何かをやる時には、必ず独学から始める。編曲法も和声学も作曲も語学も。

はじめは単旋律で練習していたが、ある日教則本のページをめくったらコードネームというものが出ていた。

「面倒くさいな。『禁じられた遊び』さえ弾ければ友達に自慢出来るんだから、コードネームなんて要らねんだけどな」

と思ったが、我慢して練習を始めた……そしたら、そのコードネームにハマッた。それが僕の音楽人生における本当の意味での第一歩だったと思う。

親父が喜ぶと思って入っていた中学の柔道部では、一番弱くて受け身ばかり上手になっていたし、先輩が新しい技を編み出すと言っては僕を実験台に使うので嫌になっていた。そんな時、吹奏楽部に入っていたクラスメートが誘うので、柔道部を三ヶ月で辞めて吹奏楽部に入り、トランペットを持った。

僕の実家の隣には大久保医院がある。大久保先生はこの地域一帯の地主で、病院の裏に大きな邸宅と広い庭を持っていて、そこで牛や山羊などを飼っていた。この先生が音楽好きなのは近所で有名だった。僕が中学二年生の時、先生は牛小屋だった建物を取り壊して小さなスタジオを建てて、合唱団とジャズバンドを作った。そのジャズバンドでトランペットが必要だというので僕が呼ばれた。小さい時から牛小屋に馴染んでいた僕は、そのバンドのことを「モウモウ楽団」と呼んだ。正式名称はあったのだろうが、忘れてしまった。

これを言うと驚かれるのだが、その頃まで僕はピアノが全く弾けなかった。でも、そのスタジオにピアノが置いてあって、大久保先生がいつでも来て勝手に弾いていいよと言ってくれたので、僕は本当に毎日のようにそこに通ってピアノを弾いた。

何を弾いていたのかというと、ギターで習ったコードネームをピアノで応用出来ることに目覚め、それが面白くて、歌集に入っているいろんな曲のコードネームを見ながら、右手でメロディーを弾き、左手で勝手に伴奏していたのだ。あるいは弾き語りをしていた。これはまさにめくるめく体験であった。僕は時の経つのを忘れてピアノと戯れていた。

モウモウ楽団のコントラバス弾きの伊佐さんは、街で酒屋を営んでいるけれど、かつては東京でバンドマンとしてジャズを弾いていたというプロである。当然、彼が音楽的に僕たちをリードするバンドマスターだ。ある時彼が練習中につぶやいた。

「誰かアドリブって出来ないかなあ？　譜面通りだけじゃつまんないよ」

でも誰も出来ない。

僕は、「どうやってやるの？」と訊く。

「コードネームの和音の構成音を頭に思い浮かべながら、それに合うようにメロディーを勝手に作ればいいのさ」

「ふうん……」

それから数日間、僕はスタジオにこもり、ピアノに向かってどの音が和音に合って、どの音を弾いてはいけないか研究する。

次のバンドの練習の時、僕がいきなりトランペットでアドリブを演奏してみると、みんなが驚嘆する。それからは、名トランペッターのクリフォード・ブラウンやリー・モーガンを聴いて、彼らがどんなカッコ良いアドリブ・ソロをやるのか研究した。時々は、トランペットのソロをした後、大久保先生にどいてもらって、ピアノで和音のバッキングをつけながらアドリブをしてみた。

ある時、また伊佐さんがつぶやく。

「市販の編曲じゃあ、俺たちのバンドにマッチしないよな。音がヌケヌケだよ」

僕たちのバンドはトランペットが僕と一学年上の先輩（僕がバンドに入ったと聞いて、俺も入れろと無理矢理入ってきた）の二人、アルト・サックスとテナー・サックスが一人ずつ、ギターがいたりいなかったり、そしてドラムスと大久保先生のピアノと伊佐さんのコントラバスである。だからフルバンドの譜面では全然音が足りないし、コンボ・バンドとしても中途半端なのだ。

そこで僕は密かに、この編成のために自分が編曲してみようかなと思い立った。出来るわけないと思うでしょう。僕も思った。ところが……ところがである。やってみたら出来ちゃったんだな、これが。五線紙に向かってみると頭の中に音が浮かんできて、手が勝手に動く。

そうして出来上がった譜面を持って次の練習に行く。

「ちょっと編曲してみたんだけど……」

「ええっ？　お前が？」

パート譜をみんなに配る。さあて、一体どんな風に鳴るんだろう？　胸がどきどきする。演奏が始まる。あれえ、こんなはずじゃなかったぞ！　僕はガッカリする。ところがみんなが僕を取り巻く。

「三澤、お前凄いぞ！」

「本当にお前がやったのか？」

僕は再びみんなの賞賛を浴びた。とはいえ、自分のイメージと実際に出てくる音とのギャップが結構あって、編曲とはそう簡単ではないことを思い知らされる。それでも、他に出来る人がいるわけでもなし、僕は自動的にモウモウ楽団専属アレンジャーになった。

こうして僕は、実際に音を出してくれる実験台を手に入れたのだ。小さい失敗を無数に繰り返しながらも、次から次へと編曲していくうちに、どういう風に譜面に書くと、どんな風に鳴るのかということをしだいに学習していった。今から考えると、それは指揮者になるための最良の勉強法だ。指揮者は他人の書いたスコアから自分のサウンドを作り出していくので、それとは正反対のように感じられるが、譜面と音との因果関係に精通するという意味では同じなのだ。

僕の中で音楽の占める割合がどんどん大きくなっていったが、中学時代には、まだ音楽家になろうなどとは夢にも思わなかった。何故なら、僕は中学校生活の間、試験の合計点が常に学年トップだったので、進学校である群馬県立高崎高校に進み、いずれは一流大学に入って……と両親も先生たちも期待していたのだ。

特に親父は、自分が丁稚奉公の叩き上げから大工になり、二級建築士の免許しか持っていないのを引け目に感じていて、僕には、大学の建築科で学んで一級建築士になって、別の角度から自分の後を継ぐことを期待していたようであった。ところが、その高崎高校に入ったことによって、僕の音楽への情熱は、二つの思いがけない出遭いから再燃する。

角皆君とマーラー

高崎高校では、入学したその日に生徒に志望大学を書かせた。周りを見るとみんな「東京大学」と書いている。僕も書いた。書きながら、もう自分は進学するんだからモウモウ楽団なんかやってる場合ではないんだ、と自分に言い聞かせたが、何か心の中に釈然としないものが残る。

休み時間に机に座って悶々としていたら、誰かが僕の前に立っている。ん？　と思って顔を上げる。

「三澤君だよね。僕、角皆《つのかい》って言います。よろしく！」

と握手を求めてきた。妙に礼儀正しいハンサムな少年だ。変な奴だなあ、なんで僕のこと知っているのだ？　そう思いながら僕は握手をした。この出遭いが後で僕の人生を大きく変えようとは想像出来るはずもなかった。

時計や貴金属の卸問屋の息子として育った角皆優人《つのかいまさひと》君は、大のクラシック音楽ファンで、当時僕が名前も知らないようなマーラーなんかを好んで聴いていた。

「バーンスタイン[*1]もいいけど、やっぱりマーラーは直弟子のブルーノ・ワルター[*2]の演奏が一番だよ」

なんて言われても僕にはチンプンカンプンだった。クラシックなんて、誰が演奏しても同じ音しか鳴らないと思っていたので、指揮者による演奏の違いを語る角皆君を最初は宇宙人を見るような気持ちで眺めていた。でも聴いていくうちに、だんだん彼の言うことが分かってきた。それにともなって、指揮者ってなんて楽しそうなのだと思うようになってきた。

僕は彼の家にしょっちゅう遊びに行った。家は洋風の造りでピアノがあり、レコードも沢山あった。両親も美男美女でハイカラで、彼の家庭は文化の香りに満ちていた。要するに僕の家とは大違いだった。

彼によってクラシック音楽がいきなり僕の心の中に土足で入ってきた。マーラーはまだ僕を捉えるまでには至らなかったが、僕はベートーヴェンやモーツァルトに夢中になる。間もなく僕は、クラシック音楽こそ自分が生涯を賭けて追求するにふさわしいものだと確信するに至るのだ。その後もマイルス・デイヴィスやソニー・ロリンズは僕から離れていきはしなかったけれど……。

角皆君は、音楽だけでなく文学青年でもあった。ヘルマン・ヘッセに傾倒していて、自分でも『車輪の下』からの影響の濃い『雪』という小説を書いていた。それは多感な若者が社会の軋轢《あつれき》の中で押しつぶされていく物語であった。その思想は、当時の僕にとっては危険な誘惑であった。彼はよく言っていた。

「何故僕たちは勉強するのだろう？　学問は僕たちを一体どこに連れて行ってくれるのだろう？　学問が僕たちの人間性を高めてくれるなんて誰が保証出来ようか！」

こんなことを話しているうちに、僕は、このまま勉強して普通の大学に進学して本当にそれでいいのだろうかと思い始める。では自分がやりたいことは一体何なのか？　そう考えた時に、思い浮かぶのは……音楽しかない。しかも……一番なりたいものは……指揮者だ！　おおっ、なんと大それたことを！

でも、それを角皆君に恐る恐る言ったら、彼は笑わなかった。

＊1　レナード・バーンスタイン。一九一八年生まれ、一九九〇年没。同じユダヤ系であるマーラーの曲を積極的に取り上げた。

＊2　一八七六年生まれ、一九六二年没のドイツ人。マーラーがハンブルク市立歌劇場の首席指揮者だった頃に同劇場に勤めていた。

「三澤君は指揮者になるべきだよ」と淡々と言う。

おいおい、よせよ！　本気にするじゃないの。

話は変わって。僕は、高崎高校に入学して数日後に新町中学校の先輩に誘われるまま吹奏楽部に入部した。でもトランペットは選ばなかった。トランペットは、ジャズでは花形だが、真面目な吹奏楽では譜面通りお行儀良く吹かなければならない。僕はそれに魅力を感じていなかった。かといってジャズ・トランペットのプロになる気もなかった。

吹奏楽部に入って、差し当たって僕の興味を引いたのは打楽器だった。入部した日、打楽器の先輩から練習用のパッドを渡されて、それでリズム練習をやるよう言われて放置された。ひとりぽっちでテケテケテケと惰性で叩いていると、いきなり隣の部屋からゴーッというこれまで聞いたこともないような響きが聞こえてきた。僕は先輩をつかまえて訊ねる。

「あのう……あれは何ですか？」

「ああ、あれは合唱部がカデンツ*3の練習をしているんだよ」

僕はちょっと考えてから先輩に言った。

「すみません……オレ、吹奏楽辞めます」

「えっ？　今日入ったばかりなのに？」

「あれやります！」

「あれって？」

「合唱部です！」

　そして、あっけにとられる先輩の視線を背に合奏室を後にし、隣の合唱部の部室に駆け込んでいった。

　高崎高校は男子校なので、合唱部は当然男声合唱だ。ちょうど発声練習の最後のカデンツ練習が終わったばかりだった。

「あのう、すいませーん。入部させて下さい！」

「はあ？　今から入部したい？　なんか変なのが来たぞ。じゃあみんな、これから多田武彦の『武蔵野の雨』のパート練習をやるから、各自分かれて練習する。後で合わせるから戻ってくるように。あ、お前はパートを決めるからここに残れ！」

　学生指揮者に声を聞いてもらったら低い声が出たのでバス・パートに回されて即練習

＊3　終止形という意味。つまり文章の句読点に相当する音楽上の終止のあり方。合唱の世界では、主和音から始まって再び主和音に帰る間の和音連結のいくつかのパターンを指す。合唱団の発声練習の最後にはたいていカデンツ練習をして、和音の中での自分の声部の正しい音程を確認し合う。

に加わった。レレレレレー・レドドドドー・シシシラソーソ・ファファファファファファー。結構低い。しかも単純。ところが、後で合わせてみてぶったまげた。自分の歌っている低音の上に、さっき吹奏楽部の合奏室で聴いたゴーッというあの響きが乗っかって来たのだ。一瞬歌うのを止めてしまったが、自分たちバス・パートがその和声を支えていることに気が付き、再び歌い始める。うわあ、凄いぞ！　これぞ男声合唱の醍醐味！

まさに、この時のこの体験こそ、僕の今日に至るまでの合唱人生の原点である。しかもバス・パートを歌っていたことが、その後のハーモニー感覚と合唱指揮者としてのサウンド構築にどれほど役に立っていることか。

同じ音楽ではあるが、高崎高校一年生の僕は、モウモウ楽団時代とは全く異なった音楽生活に明け暮れる。合唱部の練習に通いながら、家に帰ると角皆君から紹介してもらったクラシック音楽を聴きあさる。モーツァルトのジュピター交響曲の終楽章のフガート[*4]では天にも昇る気持ちになったし、ベートーヴェンの運命交響曲の圧倒的な力に胸を熱くした。レコードは高いのでそんなに頻繁には買えないが、ＦＭから流れてくる音楽を手当たりしだい聴く。

一年生の夏休みに入ると合唱部の定期演奏会が近づいてくる。僕よりも一歳年上の先輩である塚田《つかだ》佳男《よしお》さんが足繁く通って僕たちの合唱部を指導してくれた。塚田さんといえば、由紀さおりと安田祥子の伴奏のために紅白歌合戦にも何度か出演した有名なピアノ伴奏者だ。この塚田さんが定期演奏会で指揮をした清水《しみず》脩《おさむ》作曲「山に祈る」では、僕は感動して、涙で目も鼻もぐしょぐしょになって歌えなかったほどだった。

　これまでの人生において、こんな精神状態になったことはなかった。音楽はもはや僕を完全に捉えて離さない。僕は、こんな素晴らしい音楽からもう片時も離れたくないと強く思った。これからの生涯ずっとずっと……。一流大学も一級建築士も何もかも捨てて、僕は音楽と駆け落ちするしか道がないと感じていた。

＊４　フーガ風の模倣書法で書かれた楽句。模倣とは、ひとつのモチーフが演奏された後に、同じモチーフを真似して演奏すること。このやり方で書かれた最高の形式がフーガであるが、フーガでは厳格な決まりがあるので、たとえば交響曲の途中でちょっと挿入されたフーガ風の部分をフガートという。

第2章　音楽の道へ

高校一年生の夏休みも終わろうとするある日、僕は決心して両親を呼び、自分の想いを打ち明ける。

「あの……僕は決心したんだ。普通大学ではなくて、お、音楽大学に行きたいんだけど――」

次に飛ぶ親父の強い怒りの声を予想して僕は身構えた。ところが親父は、

「そうか……」

と言ってから短い沈黙を置き、次にこう言い出す。

「お前が音楽に夢中になっているのは知っていたよ。風邪を引いて大久保先生のところに行くと、先生がいつも言うんだよ。お前には普通の人にはない才能がある、それを生

かしてあげるべきだってな」

僕はびっくりした。あの大久保先生が……。あれからモウモウ楽団に全然行ってないので悪いなと思っていたのに……。お袋がしゃべり出した。親父は中学校の頃から音楽にのめり込んでいる僕をじっと見ていて、一級建築士のことなどはとっくにあきらめていたという。

「それで差し当たってどうしたいのだ？」

おっと！　驚いて思考停止している場合ではない。

「ええと……まずピアノを買って欲しい。それからピアノのレッスンに通いたい」

「よし分かった。好きにしなさい」

話はあっけなく済んだ。

バイエルから

思いがけなく音楽の道が開けた。夢ではないだろうな。まず何にしてもピアノを習わなければ。でも、僕には何のコネクションもない。そういえば家からそう遠くないところに芸大ピアノ科を卒業した相良先生という先生がいて、恐いけれどきちんと教えてくれるという評判だ。僕は誰からの紹介もなく、ある日いきなり相良先生の家の門を叩く。

呼び鈴を鳴らすと先生が出てきた。僕は単刀直入に言った。

「ピアノを習いたいのですが。あのう……芸大のピアノ科に入りたいのです」

「芸大のピアノ科……」

相良先生はギョッとしてやや体がこわばった。

「あなた今何年生？　あ、高校一年……で、これまでどのくらいピアノをやっていたのですか？　ベートーヴェン？　いえ、せめてショパンくらいまでいっていないと無理でしょうけれどね」

僕は悪びれもせずに言った。

「いえ、これまで僕は誰にもピアノは習ったことがないので、全く基礎から、つまりバイエルから始めたいのです」

相良先生がガクッとのけぞったのが僕にははっきり見えた。しばらく絶句——その後先生はあえぐように言った。

「バ、バイエル……。そ、それはねえ、あんた、いくらなんでも芸大ピアノ科は無理よ！」

僕はその言葉にムッとした。そしてきっぱりと言った。

「いえ、自分には才能はあると思います！」

視線がバチバチッと交差する。先生は勇敢にも視線をそらさない。全く生意気な先生だなと思った。

「あのねえ、いくら才能があっても、これからバイエルから始めて芸大ピアノ科は無理！　絶対無理！　不可能！　芸大ピアノ科をナメてはいけない！」

先生は半ば怒り出す。でも僕も、ここで引き下がるわけにはいかない。せっかく親を説得してここまで来たのだから。

「とにかくレッスンを受けさせてはいただけませんか？」

「うーん、ではバイエルの最初の方を持って来週来てみなさい。それから取るか取らないか決めるから」

やったあ、門前払いではなかったぞ！　といっても、先生の返事はほとんど投げやりだったけれど……。

それから一週間後。まずは音階練習。

「ねえ、そうやって裏拍にアクセントつけるのやめて頂戴！」

「ダメですか？　ジャズではこうすると素敵なのに」

「クラシックではダメ！　絶対にダメだから！　それに、ドレミファソで親指から小指まで使っては駄目！　ミの後は親指をくぐらせてなめらかに弾くのよ」

そうかあ、僕は小指まで弾いた後どうするか知らなかったのだ。どんだけ無知なのだ？　ところがどういう風の吹き回しか、先生はそんな型破りな僕を気に入ってくれたみたいで、また次の週もいらっしゃいと言ってくれた。

僕は夢中で練習する。その進み具合に先生は驚く。

弾き方や姿勢を徹底的に直されたので、バイエルには二ヶ月くらいかかったが、その後チェルニー三〇番、ソナチネ、チェルニー四〇番、ソナタと猛スピードで進んでいく。時々ピアノを弾きすぎて腱鞘炎になって休むことを余儀なくされる。そんな時は作曲に精を出す。バイエルを練習している時はバイエルのやり方を真似て、チェルニー三〇番に入るとチェルニー風に。それぞれの手法を自分のものにしていく。モーツァルトやベートーヴェンのソナタになると、さすがにハードルが高くなってきた。とにかく自分にとって演奏と作曲とは切り離せないのだ。みんなそうかと思っていたが、こういう人の方が珍しいとは後で知った。

ある時先生は言った。

「あなたは本当によく練習するし、どんどん上達するわね。でもね、悪いけど、芸大ピアノ科は今からでは無理だからね」

僕は反発するが先生は聞き入れない。ガクッときた。何故なら、芸大ピアノ科は僕にとって最終目標であるどころか、遠大なる計画の第一歩に過ぎなかったから。つまり僕は、まずピアノ科に行って、それから指揮者になる予定だった。場合によってはバレンボイム[*1]なんかのようにピアニストとしてひと花咲かせて、それから指揮者になるのもいいな。時々はピアノ協奏曲を弾き振りして、なんちゃって――。それが最初でくじけようとは！

先生は続ける。

「あなた、合唱をやってるんだから、声楽科をめざしなさいよ。声楽だったら遅くから始めてもなんとかなるから。いい？　声楽の先生につくのよ」

「でも指揮者になりたいんだし……」

「そんなの音大に入ってからドーとでも方向転換出来るのよ！」

人の顔も見ずに吐き捨てるように言う。

「とにかく音大に入ることが先決なの。分かった？」

＊1　ダニエル・バレンボイム。一九四二年生まれ、イスラエル国籍。ゲオルク・ショルティやウラディーミル・アシュケナージなど、ピアニスト出身の指揮者は珍しくない。

そこで僕は仕方なく声楽科をめざして勉強を始める。

国立音大とマルメロ座

結局僕は国立《くにたち》音楽大学声楽科に入学した。授業が始まって間もない頃、友達からあるサークルに入らないかと誘われた。「マルメロ座」といって、作曲科の学生がオペラを作り、声楽科の学生がそれを歌い演じるサークルである。公演の時は、舞台セットや衣裳、照明も全て揃え、さらに器楽科の有志に協力してもらって、オケ付きの本格上演となる。面白そうだと思ったが、入学したばかりで学内の様子もよく分かっていない状態だったから、なんとなくグズグズと返事を引き延ばしていた。

するとある時、別の友達がどこからかマルメロ座の評判を聞きつけてきて、僕に忠告する。

「おい、三澤、あそこ評判悪いからやめとけ！　作曲科の学生は、まともなシンフォニーひとつ作れないのに、自己流でオペラなんか作って結局落ちこぼれてしまうというし、声楽科の学生は、演技の基礎も教わらないくせに自己流で演じて喉だって壊すというし……。それに、男女関係がぐしゃぐしゃでドロドロらしいよ」

最後の男女関係はともかく、僕は自己流という言葉を聞いて逆に興味が湧いた。自己流大好きだからね。

「決めた！　マルメロ座に入る！」

「ええっ？」

マルメロ座に入ってみると、なるほどいわゆるアカデミズムからははるかに遠いテキトーでゆるゆるなサークルだった。入ってすぐに曲が与えられて学内の発表会の舞台に立った。ある作曲科の学生は、僕のために変拍子[*2]のアリアを書いてくれた。ラブシーンもした。ある時は、僕が出演していないオペラで、チョイ役の学生が急病になって出られなくなったことを本番三〇分前に知り、急いで譜面を読んで暗譜して演技を教わって、舞台に立った。こんなことが得意な僕にとっては、まさにぴったりのサークルだった。

＊2　通常は、たとえば四分の四拍子で始まったら曲の終わりまでそのままいくが、途中で四分の三拍子になったり八分の六拍子になったりと、どんどん拍子が変わってくることを変拍子と言う。あえて変拍子と言う時は、拍子がたとえば一小節毎にめまぐるしく変わる曲の場合が多い。ストラヴィンスキーの「春の祭典」のように。

後であらためて話すが、僕は三年生になると指揮者への転向を決心する。すると今度は、歌手としてではなく、専属指揮者としてマルメロ座を仕切るようになった。

周りが就職活動をしたり大学院試験の準備に明け暮れたりしている四年生の頃には、僕は自分の新作オペラの作曲にとりかかっていた。とうとう僕は、まともなシンフォニーひとつ作れないのに、オペラまで作ってしまったのだ。僕ほどマルメロ座を利用した者はいない。歌手、指揮者、そして作曲家の立場から、オペラのノウハウをとことん学び尽くした。勿論、全て独学と自己流でね。だが、マルメロ座なくして、現在の僕のアカデミックなオペラ界でのキャリアは決してあり得ないのだ。

「僕、指揮者になりたいのです」

さて、話はやや戻る。国立音大二年生の年が明けた頃、僕は悶々としていた。もし本当に指揮者になる気だったら、もう方向転換しないと間に合わない。今からそれにふさわしい勉強を開始しなければ……。

その頃になると声楽も面白くなってきていた。特にドイツ歌曲は奥が深く、リート歌手になるという道も考えないではなかった。シューベルトの連作歌曲「美しき水車小屋の娘」や「冬の旅」、シューマンの「詩人の恋」、ブラームスやヴォルフやリヒャルト・シュトラウスの珠玉の歌曲たちをとことん突き詰めて勉強したくもあった。

でも、やはり指揮者になりたい気持ちはそれ以上に強かった。僕は決心して声楽の担当教官である中村健先生のところに行く。

「先生、お話があるのです」

「なんだね？」

「僕、指揮者になりたいのです」

反対されると思った。そしたらこう言う。

「そうか……指揮者はしがない声楽家より確実に儲かるからな」

ズッコケそうになったが、めげずに話を続ける。

「それで、これからいろんな勉強を開始しなければならないので、レッスンに持って来る曲を練習している暇がないのです」

「でも、レッスンに来ないことには単位はやれないよ」

やっぱりなあ。それはそうだよな。考えが甘かった。

「でも、来ればいいよ」

「はあっ？」

「顔だけ出しなさい。あとは自分のやるべき勉強をやりなさい」

な、なんと寛容な先生！　そのひとことのお陰で、僕は指揮者になるための勉強に打ち込むことが出来たのだ。

一週間、声楽の勉強は何もしないでレッスンに行く。

「どうだ？　今何してるんだ？」

「はい、島岡譲先生の家に和声学のレッスンに通っています。それから増田宏三先生について指揮法を習っています。難しいですが楽しいです」

「そうか。頑張れよ。ではもう帰ってよろしい」

こんな風にして、僕は、学年末試験と卒業試験の曲を歌っただけで、なんとか国立音楽大学声楽科を無事卒業出来たのである。今でも中村先生には深く感謝している。僕の周りには温かい人がいっぱいいる。自分でもしあわせな人生だとつくづく思う。


さて、三年生になった時に、国立音大作曲科教授の増田宏三先生の厳格対位法*[3]の授業を履修した。それと同時に増田先生に個人的に指揮法を見てもらい、時々は自分の作曲したものも持って行った。

増田先生は、作曲科学生を相手に管弦楽法の授業を受け持っていたし、自分でサークルとして室内合奏団も持っていた。僕は学生オーケストラを使った管弦楽法の発表会をよく振らせてもらった。

みんなギリギリにスコアとパート譜を仕上げてくるので、その場でスコアを渡され、すぐ読んで指揮しなければならない。オケも初見なので、いろいろ間違いも多い。それを直しながら仕上げて発表する。増田先生は、ちょっと離れたところで客観的に聴きながら、いろいろ学生にアドヴァイスを与える。これがどれほど勉強になったことか。

その他、僕は聴講出来る作曲科の授業になるべく出席していた。だからほとんどの学生は、僕のことを三年から編入してきた作曲科学生だと思っていたようだ。これは最近の話だが、かつての同級生だった作曲家に会った時、

「えっ？　三澤さん、作曲科じゃなかったんですかあ？」

＊3　対位法とは、複音楽ともポリフォニーとも呼ばれ、いくつかの声部が異なったメロディーを同時進行して演奏する楽曲、あるいはその作曲技法。厳格対位法とあえて言う場合は、中世からルネッサンス期にかけて発達した「教会旋法」による厳しい禁則がいっぱいある対位法のこと。沢山の規則をかいくぐりながら作曲していくのは、まるでパズルや数独のような楽しさがあって夢中になるが、出来上がった曲はあまり楽しくもなく、どちらかというと退屈。「やっぱり対位法はバッハだ！」と思うが、バッハのフーガは厳格対位法とは呼ばれない。別の意味でより厳格なのに……。

と凄くびっくりされたのが可笑しくてたまらない。

あこがれのベルリンへ

中村健先生のお陰で国立音大声楽科を無事卒業した頃、僕は指揮者山田一雄先生の門を叩いた。山田先生は、僕が生涯にわたって最も尊敬する指揮者であると同時に、この先生がいなかったら今の僕はないと断言出来るほど、沢山のことを教えていただいた。山田先生については、後で指揮者についての章でゆっくり書こうと思う。

僕の中にはかねてからドイツ留学への夢があった。その頃の僕は、ベートーヴェンとワーグナーに心酔していた。そしてベートーヴェンやワーグナーと同じ言語の国で勉強を続けたいという希望を持っていた。といっても、どこに行こうかはっきりとしたあてがあるわけではなかった。

ちょうどその時期に、NHKホールのカール・ベーム指揮ウィーン・フィルの演奏会[*4]と、普門館で行われたヘルベルト・フォン・カラヤン指揮ベルリン・フィルの演奏会に[*5]立て続けに行った。どちらか良かった方の都市に行こうかなあと漠然と思っていた。

ベーム指揮のウィーン・フィルは、それはそれで興味深かったが、ベームの動きと

「ジャジャジャジャーン！」という運命交響曲の出だしとの相関関係は最後まで理解出来なかった。というか、仮にそれを理解出来たとしても、今の自分にはそれほど得るものがないように思えた。

カラヤンとオケとの関係にも理解出来ない部分があった。でも、ベームとは根本的な違いがあった。僕はカラヤンの動きの中に、彼のあの夢のような磨き抜かれたサウンドとの明らかな関係を読み取っていたのだ。彼の棒を見ながら、この動きと響きとの関係の秘密を徹底的に解明してやろうと僕は決心した。その瞬間にベルリンを選んでいた。

あこがれのベルリン。最初にあの街に降り立った時のことを思い出すと、今でも胸が

＊４　一八九四年に生まれ、一九八一年に没したオーストリアの指揮者。戦前と戦後にウィーン国立歌劇場総監督を務めた。いつも苦虫をかみつぶしたような顔をしており、練習は厳しく楽員からは恐れられていた。元新国立劇場オペラ芸術監督トーマス・ノヴォラツスキーはウィーン出身で、かつて「ヴォツェック」の子役のソロで出演した時、ベームに「上手に出来たらアメをあげるよ」と言われて上手に歌ったのにアメをくれなかったと今でも恨んでいるが、その時初めて笑った顔を見て、かえって気持ち悪かったと言っている。

＊５　一九〇八年生まれ、一九八九年没。ベルリン・フィルの芸術監督やウィーン国立歌劇場の総監督などを兼任し、音楽界の「帝王」として君臨した。

キュンとなる。生活習慣が違う異国の地で、言葉も不自由で大変だったけれど、僕はあらゆるものをそこで吸収した。

ベルリン芸術大学では、生まれて初めて指揮科というものに入学して指揮科学生となった。誇らしかった。音楽を始めるのが遅く、これまでほとんど独学と自己流でハチャメチャな回り道をしてきた自分。進学校の高崎高校にいても音楽という横道に逸れ、声楽科にいても指揮という横道に逸れていた自分。これからは、もう二度と横道に逸れなくていいのだ。はるか昔の初志を貫徹するために、いよいよ指揮者への道をまっしぐらに進むのだ。

指揮科の授業では、厳しくもやさしいH・M・ラーベンシュタイン教授の元で一生懸命勉強し、夜は演奏会漬けの日々を送った。八〇年代前半のカラヤン最盛期。カラヤンの演奏会に足繁く通い、彼の動きの秘密を読み解いていった。

大都市ベルリンでは、ベルリン・フィルハーモニーだけではなく、ベルリン・ドイツ・オペラもベルリン放送交響楽団もあった。まだベルリンの壁はあったが、東マルクに両替して検問を通れば、東ベルリンの国立歌劇場も自由に見ることが出来た。とにかく演奏会やオペラ公演が洪水のようにあった。フィルハーモニー・ホールでは、バーンスタインがウィーン・フィルを率いて演奏旅行に来て、モーツァルトのピアノ協奏曲を自分で弾き振りしたりもしていた。まさにめくるめく夢のような時代であった。

三年後、僕はベルリン芸術大学を一等賞で卒業した。選んだ曲は、チャイコフスキーの交響曲第五番であった。一等賞の成績を取れた決め手は、第二楽章の叙情性にあったとラーベンシュタイン教授は説明してくれた。零下二〇度以下にもなる北ドイツの暗く寒い冬を経験して、チャイコフスキーのメランコリーがより身近になっていたお陰だと思うし、カラヤンの叙情性を自分なりに学習した総括でもあった。

そのままその年の夏にはカラヤン指揮者コンクールに出場した。受賞するまでには至らなかったが、第一次、第二次予選を通過し、本選の八人にまで残った。周りを見渡し、これが世界の頂かと思った。モウモウ楽団で編曲をしていたあの時代から今やなんと遠く隔たっていることだろう。

こうして僕は指揮者になった。

第2部　オペラ座へようこそ

第3章　オペラ座の毎日

オペラは総合芸術。音楽を作る指揮者と、舞台美術や衣裳を決めて演技をつけていく演出家を中心に、ソリストたち、合唱、オーケストラ、練習ピアニストやアシスタント・コンダクターたち、舞台監督[*1]とその助手たち、その他の様々なスタッフと、おびただしい人員が関わっている。

公演指揮者やメイン・キャストが来日して立ち稽古[*2]が始まるのは、新制作の場合は初日の約四週間前。過去に制作したプロダクションの再演の場合は約二週間前からである。合唱団や日本人キャストなどは、その前に音楽稽古をして、立ち稽古に備えて暗譜を済ませておかなければならない。

本章では、とりわけ思い出深い新国立劇場二〇一二／一三年シーズン開幕公演の「ピーター・グライムズ」を例に、僕にとってはごくごく当たり前の日常の風景であるオペラの現場にみなさんをご招待しよう。

二〇世紀を代表する傑作オペラ

「ピーター・グライムズ」は、一九一三年生まれのイギリスの作曲家、ベンジャミン・ブリテンの最高傑作ともいえるオペラである。ここではワーグナーやリヒャルト・シュトラウスとはまた違った方法で、音楽とドラマとの見事な融合が見られる。あるところでは、通常の会話のスピードや抑揚そのままに。また別のところでは、それぞれの方法論にのっとって、会話は様式化されたりカリカチュア化されたりして、ドラマチックなダイナミズムを生み出していく。そして、そのダイナミズムを表現するうえで大活躍するのが、合唱なのだ。

二〇世紀のオペラであるが無調ではなく、とは言っても伝統的な機能和声[*3]の音楽でもない。ブリテンの作曲方法は、モード[*4]（旋法）に基づいているもので、完全四度を積み

＊1　演出家の構想を具体的に実行に移す人。大道具から照明まで、細かくとりしきる。
＊2　演技をつけた稽古のこと。

重ねた四度和声を多用する。*5

僕も、ちょっと現代曲的なサウンドが欲しいのだが、さりとて無調では作りたくない場合に、よくこの方法で作曲する。つまり、割と簡単にモダンな響きが得られる方法なのである。

無調音楽より難しい⁉

新国立劇場の新シーズンは、正式には八月一日から始まる。合唱団の音楽練習もだいたい八月上旬から開始し、お盆休みは中断するが、オープニング演目やその他の演目をアトランダムに混ぜながら稽古していく。

プロダクションの開始、すなわち立ち稽古が始まるまでに合唱の音楽練習を何回するのかは、それぞれのオペラにおける合唱の分量や人数、音楽の難易度によって大きく違うので、八月がユルユルになるかビッシリ練習で埋まるかは、まさにそれぞれのシーズンの演目によるのだ。

間違いなく言えるのは、シーズン開幕公演の「ピーター・グライムズ」は、どの劇場の合唱団にとっても、最大限の練習回数が要求されるということだ。だからその年はいつになく厳しい夏だった。

「ピーター・グライムズ」は、まず音取りが難しい。シェーンベルクなどの無調音楽の方が難しいように見えるでしょう。ところが案外そうでもないんだな。無調音楽は、

＊3　バロック初期からロマン派後期まで、機能和声法が支配する全ての楽曲は、基本的に長調か短調のどちらかの主和音から始まる。メロディーも、たとえばハ長調なら「ドミソ」か「ラドミ」のどれかの音から始まり、規則通りの和声連結に従って進行し、やはり「ドミソ」か「ラドミ」に落ち着いて終わる。

＊4　モードという言葉は「やり方」という意味だが、中世からルネッサンス期の教会音楽の世界では、各楽曲を支配する音階のことを指していた。その中で「ドレミファソラシド」という音階を持つイオニア旋法と「ラシドレミファソラ」のエオリア旋法が発達して長調と短調という概念が出来た。

一九世紀終わりから二〇世紀初頭にかけて、調性から逸脱する動きが始まると、作曲家たちの間で、再びモードが脚光を浴びる。しかしそれは、調性音楽の様々な決まりを無視して自分勝手に作曲するための隠れ蓑だったと言えなくもない。

＊5　機能和声の時代には、和声は「ドミソ」あるいは「ソシレファ」などと、基音の上に長三度や短三度の音をどんどん重ねて作られた。しかしモードによって作曲される時代になると、教会的な響きが好まれ、「ドファシ♭ミ♭」のように、基音の上に完全四度の音を積み重ねて和音が作られた。

「どうせ間違っても誰も分からないのではないか」

というダメ元精神から気楽に練習に取り組める。うまく出来てきたら、

「結構出来てきたぞ」

と、どこまでもポジティヴ思考になれる。

ところがこの曲は、機能和声とは全然違う予想不可能な進行をするくせに、間違ったら即座に分かるのだ。リズムもそうである。難しいけれど混沌とはしていないので、合わないと気持ち悪いのである。そこで、

「いくらやってもピシッと決まらない」

と、ネガティヴ思考になりやすく、予想以上に手間取る。僕も、あの手この手を使いながら、みんなのモチベーションが落ちないように苦労する。

さらに加えて、英語の歌詞というのが曲者である。言語指導のイギリス人の先生がついていても、英語をベルカント唱法[*6]で歌うのって、案外難しいのだ。英語はなんといってもジャズやポップスの発声に向いている言語だ。

立ち稽古の開始が一週間後に迫っても、みんなは、

「とても覚えられる気がしねえ！」

と言っているが、僕もそう思う——おっとっと、合唱指揮者がそんなこと言っちゃあいけない。なんとしてでも覚えさせないと。そのためには、ゆっくりやったり、速くやったり、要するに嫌になるくらいの反復練習あるのみだな。さあ、覚悟を決めねば!!

ピーター・グライムズな九月

本番一ヶ月前、いよいよ立ち稽古が始まった。合唱団はギリギリなんとか暗譜が間に合った。ザルツブルク音楽祭の「椿姫」の演出でカルト的人気を集めたウィリー・デッカーの演出プランは秀逸であるが、合唱団は最初からメチャメチャ動き回る。この作品自体が合唱に最大限の演技力を要求しているけれど、デッカーの演出はさらにそれを強調した感がある。

＊6　分かりやすく極端に言うと、子供がよく「オペラ歌手!」と言って真似する、あのゴテゴテッとしたクラシック風の歌唱法がベルカント唱法である。現在、音楽大学声楽科などで一般に教えられているベルカント唱法は、一九世紀後半のヴェルディ、プッチーニなどの時代に確立された。近代的な大ホールで、マイクなしに声を聴衆に届けるために、横隔膜を下げて息をコントロールし、声帯から出た声を頭部で共鳴させて豊かな響きを保ちながら歌う歌唱技術のことである。

アウトサイダーであるピーター・グライムズをしだいに追い詰めていくのは、村の人たちの負のエネルギー。それは、個人では無力だが、集団になるとうねりのように結集し、圧倒的なパワーを放つ。そのうねりが視覚的に見事に表現されている。

指揮者のリチャード・アームストロングが素晴らしい！　さすが本場のイギリスでもブリテンのオペラを振っているネイティヴのイギリス人！　言葉と音楽との両方から、僕たちに容赦ない要求を突きつける。だがその要求の中心は、音楽よりもむしろ英語の発音と、それを表現にまでつなげる方法だ。まず、英国人がこだわるのはイの発音だ。「pit」のような短いイを、日本人はどうしても「peace」のような長いイと同じように発音してしまう。ところが、これではいけないというのだ。ピットの短いイは、まるで「pet」と言うかのように口を意図的に開くべきだという。ドイツ語でもイタリア語でもフランス語でも言われたことのない指摘なので驚いた。

また、僕たちが曖昧母音と呼んでいる母音の扱いも難しい。ドイツ語の「Blume」の「e」やフランス語の「Café de Paris」の「de」などで慣れているはずなのに、英語ではやや勝手が違う。ドイツ語やフランス語では、曖昧母音が使われるのは「e」の母音と決まっている。でも、英語では、「about」の「a」であったり、「immigration」の二つめの「i」であったり、「memory」の「o」であったり、「a」「i」「o」と様々な母音で曖昧母音となるのだ。僕たちは、どうしても「アバウト」や「イミグレイション」や「メモリー」と認識し、はっきり歌ってしまう傾向があるのだ。

さらに難しいのが「アクセントのある曖昧母音」の発音だ。つまり「work」のような単語である。閉じすぎると「walk」のようになってしまうし、かといってワークとも違う。ちょっとウェークというような感じで、不真面目な感じで発音するとうまくいく。

学校教育では、中途半端に米語を取り入れているから、僕たちはどうしても「r」を発音する時に、舌を後ろに巻いてしまう傾向がある。「work」も曖昧母音のままでいるのが心許ないのでつい巻き込んでしまうが、これを英国人はとても嫌う。これらは勿論慣れなので、このタイミングでアームストロング氏が何度も直してくれたのはとても助かった。

こんな風に書くと、まるで語学学校のようだが、オペラ指揮者は、時にここまで深く指導するという良い見本だ。合唱団にとっては、遠慮しないでズケズケ言ってくれるのがいい。やっぱり、ネイティヴが要求するんだもの、心ゆくまでやってよ、というのが僕らの望みだ。本物に近づきたい。それは、日本人である僕たちには所詮叶わぬ望みだとしても、せっかくやるんだから少なくともブリテンの表現の神髄に触れてみたい！

この週は、午後二時から九時まで、マエストロの音楽稽古や立ち稽古でびっしり。でも、それらの練習を通して、しだいにブリテンの表現の世界が解き明かされてくるので、僕たちはとってもしあわせな気分。来日したソリストたちは、みんなキャラクター的にぴったりなので、笑えるほどだ。充実した稽古場。この雰囲気ならば、きっと良い舞台が出来るだろうという手ごたえを得た。

「ピーター・グライムズな九月」が始まったのだ。

市民の悪意

ピーター・グライムズは腕利きの漁師。潮の流れを読み魚の大群を探し当てるのに長けている。でも、見習いの少年を殺害した疑いがかけられており、いわゆる社会のアウトサイダーである。そのアウトサイダーを取り巻く「善良なる市民」の悪意（evil）というものが、このオペラのテーマである。

そうしたストーリー展開と結末だけ見ると、カタルシスも大団円もない、気が滅入るオペラと言えなくないが、僕はむしろ3・11以降の日本人のあり方と重ね合わせてこの作品を見つめている。すると、集団の無責任さなどあまりにも符合することが多く、今この作品を上演することはまさにタイムリーであると思えた。オペラは過去の芸術と思うなかれ。我々が心を開きさえすれば、現代の観客に語りかけるものは計り知れないのだ。

裁判官を務める市長は、わざとピーターを有罪に定めない。そこに行政に携わる者としてのちょっとした悪意がある。彼は狡猾だ。つまり、グレーのまま放置することで、市民が、噂や中傷で自主的にピーターを滅亡に追いやることを市長は知っているのである。市長も市民も、ひとりひとりは悪人とは言えない、でも彼らにはほんの一握りの悪意が宿っている。それらは少しずつ集まるべき所に集まり、やがて、悪意の奔流となってピーターを追い詰めていくのだ。

信仰心に溢れ、キリスト教的アガペーの精神をもって被疑者ピーターの心に近づいていこうとする女教師エレン。しかし彼女の善意をもってしても、ピーターの心の闇を照らすことは出来なかった。新しく見習いとなった少年の体に虐待による傷を発見するエレンは、深く絶望する。ピーターは、好意を寄せてくれるエレンとの結婚を望んでいたが、教会から敬虔なる信徒たちの祈りの歌が聞こえてくる中で、エレンは、日曜日にさえ少年を働かせようとするピーターに向かって、こう言ってしまう。

We were mistaken to have dreamed.
Peter!
We've failed, we've failed.

「あたしたち、間違っていたのね。夢見たりして。
ピーター！
あたしたち、失敗したのよ。失敗してしまったの」（三澤訳、以下同）

失望したエレンにさらに追い打ちをかけるように、市民は、エレンがピーターの罪に荷担したと言って、彼女を非難していく。こうして、彼女の善意は全て葬られてしまう。実に痛ましい人類の悲劇であると僕は思う。

合唱の部分には、嫌になるほどひとつのモチーフの繰り返しが見られる。同じ歌詞をこれでもかと思うほどリピートする。すると、その言葉は呪文のようになり、パワーを発し、行動のエネルギーとなる。ピーターが新しい見習いの少年を虐待し暴行を加えていることが、市民の間で噂になっていく。

What is it? What is it? What is it? What is it?

「なんだ？　なんだ？　なんだ？　なんだ？」

What do you suppose?

「なんだと思う？」

Grimes is at his exercise.

「グライムズがね、（虐待を）ヤッてるらしいよ」

噂は発展し、市民は憤り、太鼓を叩いてピーターを捕まえに行く行進に発展していく。まさに集団心理の怖さ！　ブリテンのこうした表現は本当に見事だ。

最後にピーターは沖にひとりで船を出し、溺れて自害する。法的拘束力は何らないのに、市民の悪意に屈してしまうのだ。

一方、市民たちは何事もなかったように、再び日常生活を続けていく。音楽は最後だからといって盛り上がることもなく淡々と終わる。その不条理こそ僕らの日常のようだと言わんばかりに……。

演出家が吹き込む魂

本番二週間前、ついにウィリー・デッカー本人が来日。やっぱり凄い奴だ！　劇場中に猛烈な嵐が吹き荒れているようだ。それまで演出補のフランス人のフランソワさんが演出プランに沿って動き自体は一応つけてくれていた。そこにデッカーが魂を吹き込む。だが、その魂のなんと強烈なことか！

彼の頭の中には確固たるドラマの流れがあり、もの凄く理想が高い。しかし彼は全ての出演者に容赦なく自分の要求を突きつける。合唱団は、アンサンブルが極端に難しい所で極端な動きをさせられたり、傾斜のきつい舞台で極端に前屈みさせられたり、全速力で走らされたり、指揮者もモニターも何も見えない向きで歌わせられたり、無理難題が洪水のように押し寄せてくる。それを指揮者のアームストロング氏と僕は、音楽的整合性をつけてひとつひとつ片付けていくわけだが、毎晩稽古が終わるとクタクタ。

でも、こんな舞台を作れる人なんていない！　こんなに強靭な精神を持つ演出家なんていない！ どんどん芝居が埋まってきて、どんどんシーンが出来上がっていくのを見ているうちに、身が震えるような感動が押し寄せてくる。「僕たちは今、最高の演出家と最高の舞台を作っている！」と。

合唱団も、限界への挑戦という感じで、

「もう駄目！」

と言いながらでも、

「ちっくしょう！」

と、どこまでも食らいついていく。手前味噌ながら、やっぱり最高の連中だ。

その根性にはデッカーも驚いていた。

「僕は世界中の歌劇場で仕事をしてきたが、君たちは間違いなく最高だ！」

とみんなの前で褒めてくれた。僕も君たちを心底誇りに思っているよ。


美しい四重唱と一瞬だけ光る「善意」

稽古は、リハーサル室での立ち稽古から、場所をオペラ劇場の舞台上に移して、舞台稽古に入った。

第二幕の途中で、ピーター・グライムズをやっつけに行こうと、馬車引きのホブソンを先頭にみんなでピーターの家まで行進していく場面がある。そこで一緒について行こうとした女性たちがハジかれる。

「ここは男の場だ、女は用なしだ！」

というわけである。

「あたしたち、なんでこんな目に遭わなければならないの？」

と、「姪」と呼ばれる売春婦の二人が嘆くと、そこに「アーンティ《おばさん》」と呼ばれるパブの女主人が加わる。

And shall we be ashamed because
we comfort men from ugliness?
「男たちを世間のうさから慰めてあげたことで、
あたしたちが恥じる必要あるの？」

さらに、ピーターを庇《かば》ったことでみんなからつまはじきにされているエレンは言う。

They are children when they weep.
「男って、泣いたら子供みたいなのよね」
We are mothers when they strive.
「男が戦う時は、あたしたちが母親なのよ」

パブの女主人アーンティ、二人の売春婦たち、そしてエレンの四人は、互いに疎外された者としての共感を覚え、四重唱が始まる。僕はここの場面が大好きだ。音楽もとても美しいのでジーンとくるよ。

原作では、ここでつかの間、女性たちの間に友情が芽生えてシーンが終わる。だが、デッカーの演出はそれだけでは終わらせない。四人が手をつなぎ合っている時に、舞台後ろから噂好きのセドリー夫人と村の女たちが忍び寄って来て、彼女たちを凝視する。それに気が付いてギクッとする四人の女性たち。

パブの女主人アーンティは無意識にエレンから離れようとするが、そのアーンティの手をエレンが強くつかむ。

「お願い、行かないで！」

とエレンの瞳が無言で叫んでいる。アーンティの動きが止まる。だが次の瞬間、アーンティは無情にもエレンの手を振り払い、姪たちを連れてエレンの元から去っていく。失意に沈むエレン。それを冷たく凝視し続ける村の女たち。

この切ない場面の美しさは聴衆に深い印象を与える。人間の悪意とそれがもたらす不条理が、これでもかと徹底的に描かれていくこのオペラにおいて、それだからこそ、このシーンでは人間の善意がひときわ光り輝く。この場面の演出にデッカーはとても時間をかけた。わずか数分の場面なのにこだわりまくったのである。ただ四人の女性が歌って退場、ではなくドラマを何層にも作り込む。こういうところをハズさないのがデッカーの偉大なところなのだ。

ゲネプロは大成功

ゲネプロ[*7]を観た人たちはみんな絶賛してくれた。特にウィリー・デッカーの演出が素晴らしいと口を揃える。舞台の構図や登場人物のフォーメイション、それにライティングもそつがなく玄人を喜ばせるが、なんといっても、ソリストにしても合唱にしても、細かい部分まできちんと演技がつけられているのにみんな驚いた。

ピーター役のスチュアート・スケルトンの圧倒的な演技とコントロールの利いたきめ細かい歌唱は圧巻。ワーグナーも歌っているオーストラリア人で、文句なしに当代一のピーター・グライムズだ。

一方、エレン役はイギリス生まれのスーザン・グリットン。その清楚な歌唱は、慈善的精神に溢れた女教師の切なさをストレートに伝えて、聴く者の胸を打つ。彼女はスカラ座でもエレンを歌っている。声量がある方ではないけれど、こういう知的で同時に情感にも溢れた歌唱の出来る歌手は貴重だ。僕の大好きなタイプ。彼女のバッハを聴いてみたい。

加納悦子さんが演じるセドリー夫人が面白い。

＊7　Generalprobe（総練習というドイツ語）の略。公演初日の前に舞台で行う最後の練習。音楽を止めないで、本番さながらに照明を入れ、舞台転換をする。歌手は衣裳メイクをつけ、それぞれペース配分をしたり、待ち時間の確認をしたりして、本番に備える。公開ゲネプロにして観客を入れることも珍しくない。

「パブなんて下品なところには行かないわよ！」

と気取っているくせに、実はドラッグ中毒で、噂話が大好きで、特に犯罪の話題が飯より好き。居るよなあ、こんな人、と思わせる超変なおばさんの役を好演し、何度見ても思わずにんまりしてしまう。

名残惜しい千秋楽

僕たちの職業って、普通の人から見たら、日常からあまりにもかけ離れた毎日に見えるであろう。だが、これが僕たちの〝おしごと〟なのであり日常なのだ。オペラの公演がうまくいったからといって、通常は特別に大騒ぎをして打ち上げなんかしたりしない。午後の公演だったら、そのまま次の仕事場に直行する人もいる。こんなことを聞くとガッカリする人もいるだろうね。でもそうしないと、とても体がもたないじゃないか。それに劇場では、初日の幕が開く頃には、次の演目の稽古がすでに並行して始まっているのだ。

しかしながら、時々〝おしごと〟を忘れるくらい入れ込んでしまう演目がある。こんな風に日常の中に非日常が紛れ込むのも、僕たちの職業の特徴かも知れない。まだプロダクションが続いているのに、初日の幕が開いただけで、淋しさが胸の奥で始まってしまったりする。七分咲きの桜を惜しむ気持ちと一緒である。そして本当に千秋楽を迎えてしまうと、ガックリくるくらい悲しさでいっぱいになってしまう。この「ピーター・グライムズ」のように。

極端な傾斜舞台、激しい動き。ストップモーションやおびただしい動き出しのキッカケが少しでもハズれると成立しない濃密な舞台空間。僕にとっても合唱団員たちにとっても、これまで関わった全てのオペラの中で最もしんどい部類に属するプロダクションだったが、それだけに途中からみんなクラブ活動のようになってきて、内部で異常な盛り上がりをみせた。

千秋楽のカーテンコールが終了した瞬間、緞帳の裏で、僕たちはみんなで大きな山を登り切った達成感を共有した。僕は指揮者のアームストロング氏とハグし合い、みんなと熱い視線を交わして握手し合った。とても嬉しかったが、同時にとても悲しかった。

何日かふぬけのようになってしまっても、また気持ちを引き締めて頑張るしかない。様々な演目が目白押しの超多忙な秋が僕を待ち受けているのだから。

第4章　オペラ座のマエストロ

お伽噺《とぎばなし》かアニメのキャラクターかと思うようなユーモラスな顔と、僕の三倍はあろうかという巨体。スコアを完璧に暗譜して指揮し、稽古の時には、練習したい個所をドレミで歌って示すだけで、小節数や練習番号を言わない。しかも頭に浮かんできた順序に沿ってアトランダムに直し稽古をするから、オーケストラは大変だ。コンサート・マスターは、その都度小節数や練習番号をすぐに探してみんなに教えてあげないといけない。それを言う時間も与えないで指揮棒を下ろしてしまう時も少なくない。

「え？　どこどこ？」

という感じで一同バラバラに音を出すがだんだん合ってくる。

最後の巨匠、ネッロ・サンティ*1だ。

指揮棒を稽古場に沢山持って来て、振ってみながら、

「これもよくない……これも駄目だ」

と選んでいる。結局、

「これ最低！」

と言った最初の指揮棒に戻って、ニカッと笑いながら練習を始める。それはもの凄く長い指揮棒だ。でもあまり腕を動かさず、よく分からないなあと思っていると、突然ぐるぐる回し始め、みんなを煙に巻く。そんな時の動きは、まるで鍋の中を引っかき回しているよう。

こだわるところは徹底的にこだわるくせに、そうでないところはグチャグチャにずれていても平気な顔で進んでいく。そうかと思うと、コントラバス奏者に向かって、

「そこはこの音から弦を変えた方が良いよ」

などという細かい指示を突然出して奏者をびっくりさせる。

＊1　一九三一年生まれのイタリア人。二〇歳の時からずっとオペラを振っている。

ダメ出しする時は、最初自分で良くない歌い方を示し、それからこうして欲しいと何度も歌う。どんなに高いところでも実声で歌う。基本的にはとても美声だが、音域の限界を超えるともの凄い声になる。

イタリア語と英語とドイツ語がチャンポンになって練習が進む。英語はかなり苦手のよう。

「短く！」

と言うのを「ショート！」と言っているつもりなのだが、なまっていて、

「ソルト！」

というものだから、最初誰も理解出来なかった。だったらイタリア語で、

「コルト！」

と言ってくれれば、合唱団員たちは結構イタリア語分かるのに……。

ドイツ語をしゃべっていたかと思うといつの間にか英語に変わっている。しかもイタリア語以外は酷い発音なので、それが何語の単語なのか認識するまでに時間がかかる。

それでいて彼の言いたいことは結局全て伝わっている。

オケ合わせの休憩中。バンダ[*2]のトランペット奏者が、

「ここ、いくつで振っていてどうなっているのですか？」

と僕に訊いてきた。僕が振り数[*3]などを言っていると、後ろに彼がニコニコ笑いながらヌッと立っている。

「あのー、マエストロ……、この場所って――」

と奏者が訊くと、答える代わりにいきなり奏者の楽器を取り上げたかと思うと、もの凄い速さで「熊蜂の飛行」を吹き始める。ヴェルディの「レクイエム」をやった時は、ヴァイオリン奏者から楽器を取り上げ、唖然とするくらい上手に速いパッセージを弾いたっけ。それからトランペット奏者の質問には何も答えないで、奏者の肩をドンと叩いて去っていく。

＊2　オペラの公演では、オーケストラはオーケストラ・ピット（＊6参照）で演奏する。バンダとは、それ以外の場所で特別に演奏する小編成のアンサンブルのこと。舞台上で芝居の一部として演奏することが多いが、舞台裏で演奏したり、客席から演奏しながら登場したりすることも。

＊3　指揮者は、四分の四拍子を四分音符単位で振ることもあれば、二拍子の曲は一小節一打点で振ることもある。速い三拍子の曲は一小節一打点で振ることもある。テンポが速い場合、二拍子のように二打点で振ることもある。オーケストラにとっては、指揮者が何打点で振るかというのはとても大事なことであるが、しばしば指揮者が約束した振り数を間違えて大混乱に陥ったりもする。

練習中は合唱団もオーケストラも結構グチャグチャになる瞬間があり、「大丈夫かなあ?」と思うのだが、出来上がってくると、日本人の「揃っているのだけれど硬直した」音楽作りをあざ笑うかのように、柔軟で有機的な音楽が聴かれて驚く。

このようにネッロ・サンティは、あらゆる面から型破りな指揮者だ。親分肌だが、厳しさの中に常にユーモアがあり、彼の元で仕事するのはことのほか楽しい。オペラ界最後の巨匠と呼ばれているのもさもありなん。なんでも起こり得るオペラの世界に君臨し続けて幾星霜。とにかくこの人の元では何があってもうまくいくという絶対的信頼を勝ち得ている。こういうタイプのカペル・マイスター[*4]はもう出てこないかも知れない。

オペラ指揮者には様々なタイプの人がいるが、イタリア人には、リッカルド・ムーティ[*5]のように強烈な個性を持つ人が少なくない。はっきり言ってしまうと威張るタイプだ。歌手たちを頭ごなしに叱りつけ、自分の思い通りになるまで決して許さない。気に入らない奴は即クビにする。どこまでも自分の意見を押し通し、絶対的に君臨する。

一筋縄ではいかない者たちの巣窟であるオペラ劇場を仕切るには、そうしたやり方もアリだ。しかしながら一方では、オーケストラ・ピット[*6]に入ってしまった指揮者は万能ではない。歌手とオケとのバランスやタイミングは、ピット内にいては本当のところ分からないものだ。だから初めて劇場にやってきたゲスト指揮者は、劇場をよく知る座付きの副指揮者や合唱指揮者の忠告を聞くべきである。自慢ではないが、新国立劇場の現在の音楽スタッフたちはとても優秀だし、劇場のことを隅々まで熟知しているので、安心して任せて欲しい。

ところが、たまにいるんだなあ。

「つべこべ言わずに、黙って俺の言う通りにしろ！」

というマエストロ。あるいは、

＊4　劇場付きの専属指揮者のこと。

＊5　一九四一年生まれのイタリア人。スカラ座の音楽監督などのポストを歴任。その態度から「帝王」と批判されることも。

＊6　オペラ劇場で、舞台と客席との間にある、オーケストラが演奏するための巨大な空間。かなり深いところに床面があるので、オーケストラの音は和らげられ、歌手の声を覆い尽くすことがないようになっている。指揮者は最も客席に近い場所の中央から、舞台面を見上げながら指揮している。

「俺だけを常にガン見しながら歌え！　演出がどうでも構うことはない！」

という指揮者。

まあ、もしかしたらその指揮者は劇場感覚に特別優れていて、自分の指揮台の位置から全てを推測出来る可能性もある。だがその可能性は極めて低い。僕たち座付きの音楽スタッフはマエストロの様子を見て、その指揮者の言っていることが信頼に足るかどうか見極める。そして、そのマエストロがただのワガママ指揮者だと分かった途端、僕たちはそれなりの行動を取る。

「なんて感じの悪い集団だ！」

と思わないでね。僕たちは、マエストロのご機嫌さえうかがっていればそれでいいというものではない。目的はその先にあるのだ。どんな状態に陥っても、必ずある一定以上のレベルの公演をすること。これが僕たち劇場人の使命であり、劇場そのもののスキルなのだ。

これから語るのは、ムーティと同じリッカルドというファーストネームを持つイタリア人指揮者リッカルド・フリッツァと僕の「戦いと、そして友情」の歴史である。

二〇〇五年「マクベス」公演での「だるまさんが転んだ」

リッカルド・フリッツァは、一九七一年生まれのイタリア人で、とてもエネルギッシュで才能溢れる指揮者だ。しかし彼は必要以上に自分を誇示し、常に自分が頂点にいなければ気が済まないので、周りの反発を招いている。加えて、自分の気分で指揮の振り方やテンポも突然変わったりするので、歌手もオケも合わせるのが大変だ。

新国立劇場におけるヴェルディ作曲「マクベス」プロジェクトでは、スタジオでの立ち稽古の期間が終わり、劇場エリアに入って舞台稽古となったところだった。僕は一階客席後方のガラス張りの監督室から、指揮者の動きに合わせてペンライトで合唱個所を振る。監督室にはモニター・テレビとスピーカーがある。

オーケストラ・ピット内の指揮者は、舞台上から見ると床面より低いところにいるので、舞台奥の合唱団のメンバーからは見えないし、最前列のメンバーは指揮者を見ようと思ったら視線が下に向いてしまって演技的におかしい。一方、僕のペンライトによる指揮は合唱個所限定で、合唱の入りや切りなどを分かりやすく示している。合唱団が舞台奥にかたまっている時には、タイミングが遅れないように早めに振るし、前面に並んでいる時には、オケより先に飛び出ないように遅めに振る。演技をしている合唱団は、あれこれ考えないでペンライトに合わせて歌いさえすればいいのである。だから彼らにとって僕のペンライトはなくてはならないものである。

ピアノ伴奏の舞台稽古で、フリッツァは指揮しながら時々後ろを振り返る。合唱団員が、自分ではなく僕のペンライトを見て歌っているのが気にくわないようだ。休み時間、彼は僕を呼ぶ。

「あの赤い光をやめろ！　指揮者は俺一人なんだ！」

「僕はあなたをサポートしようとしてやっているのです。合唱団員は演技しながら歌っているので、低い所にいるあなたを全員が見られるはずないではありませんか」

「うるさい！　口答えするな。みんな俺一人を見るのだ！」

話は平行線で、らちがあかない。

そこで僕は、内緒で振ると決めた。フリッツァは、時々ふいに後ろを向いて、僕が指揮していないかチェックする。僕は、その瞬間だけペンライトを隠す。まるで「だるまさんが転んだ」だ。合唱団員たちが面白がっている。僕もなんだか楽しい。

しかし楽しんでいる場合ではなかった。フリッツァが一度後ろを見てからゆっくり前に頭を戻したと思った瞬間、再びすばやく振り返った。

「あっ！」

鬼に見つかってしまった。フリッツァは激怒して僕を呼ぶ。

「何やってんだ！」

「すいません……でも……」

「とにかく、光で振るのをやめろ！」

「ズレてもいいのですか？」

「いいのだ。俺が指揮者なのだから、俺が責任取るのだ」

「……」

そして、オケ付き舞台稽古が始まった。オケだとピアノのようにいつもはっきり音が立っているわけではないから、どうしても合わない個所が出てくる。テンポを引きずっているところはフリッツァ自身にとっても辛そうだ。彼は合唱団の個所が来る度に腕を最大限に上げて大きく振らないとずれてくるので、だんだん疲れてきたようだ。

「合唱がもたれる！　なんとかしろ！」

「出来ないね」

「なんだと?」

「だから言ったでしょう。棒が見えない団員は恐くて思い切って声が出せないのですよ。だから前の団員が歌い出したのに合わせて歌うからこうなるのです。もうグズグズですね。このまま公演までいきますよ」

彼はしばらく考えて、

「仕方ない。ここところこの個所だけお前が振るのを許す」

「ありがとう。あなたをサポートするために僕は全力を尽くしますよ」

その後の合唱団が、まるで水を得た魚のように生き生きとなったことは言うまでもない。

二〇〇八年「アイーダ」公演での再会

それで済んだと思ってはいけない。三年後、フリッツァは再び来日し、「アイーダ」の練習が始まった。稽古場に行くと、彼は僕の顔を見るなり、

「おっ、luce rossa（赤い光）が来たな」

と言う。おいおい、いきなりそれはないだろう。

見かけの横柄さと無礼なものの言い方をのぞけば、フリッツァの指揮者としての力量を僕はとても買っている。彼のやりたい音楽は明快で、演奏は緊張感に溢れている。もともと指揮者というものはワガママじゃないと出来ない職業だし、オペラの現場では、きちんと仕切ってもらった方がいいに決まっている。

僕は、若い芸術家たちの無礼さやワガママにはかなり寛容だ。むしろ嫌われることを恐れて変に慇懃《いんぎん》になったり、本当はもっと要求したいのに遠慮して早く練習を終わらせてみんなのご機嫌を取ろうとしたりするような臆病者は嫌いだ。戦わない芸術家を僕は認めない。若者ならなおさらだ。

とはいえ、彼が僕のペンライトを好んでいないことは、やっぱり嬉しくない。こんなところで僕と張り合わなくてもいいじゃないかと思う。僕は自分の合唱指揮者の権力を誇示しているわけでもないし、彼の音楽に逆らっているわけでもない。逆に、なるべく彼のやりたいことをスムーズに具現化させてあげようとしているのに、何故分かってくれない？

二頭の馬も走り抜ける。舞台上は合唱団や助演の役者でごったがえしている。舞台後方からオケ・ピットの指揮者など見えるわけがない。それなのに彼は自分だけを見ろと要求する。

「アイーダ」の凱旋行進の場面。豪華絢爛なフランコ・ゼッフィレッリ演出[*7]の舞台。

そこで僕は決心し、マエストロの所に行く。

「何ヶ所かどうしても合わない所があるのはあなたもご存じですよね。今のままではこれ以上どうにもなりません。やっぱり後方からペンライトを振らせて下さい」

「ペンライトは嫌いなんだ。俺だけを見るのだ」

「あなたがそうしたいのは知っていますよ。じゃあ訊きますが、舞台下にいるあなたは合唱団員全員が見えますか？　見えないでしょう。勿論彼らからも見えないのです。あなたはさっき『遅れている！』と叫んで何度か手を叩いていましたが、本番で手を叩くわけにはいかないでしょう」

「演出を変えることは？」

「ゼッフィレッリの演出を？　今更出来るわけないでしょう！」

「どうせお前は、改善の鍵はペンライトしかないという結論に持っていきたいんだろう？」

「そうです」

「そうくると思ったよ。お前の思う通りにはさせない」

だーからあ、張り合ってる場合ではないでしょうが！

「もう少し様子を見る」

「分かりました……」

次の日。やっぱり凱旋行進の場面。僕はフリッツァのすぐ後ろに座らされている。僕が二度と「だるまさんが転んだ」をしないように。合唱団は、その過酷な条件の中で健気にも一生懸命合わせようと歌っているが、歌い出しや歌い終わりはモヤモヤって感じになってしまう。何よりも、恐くて踏み込んで歌えないものだから、音量は彼らの持てる力の半分も出ていない。

僕は悲しかった。これでは、音楽練習の間に積み上げたあのサウンドはどうなる？

＊7　一九二三年フィレンツェ生まれの演出家。ルキノ・ヴィスコンティのアシスタントとして活躍した後、オペラ演出家・映画監督としてデビュー。映画「ロミオとジュリエット」（一九六八年英・伊）の監督としても有名。

それに、当のマエストロと一緒に作り上げた音楽だって見事に壊れているではないか。舞台に上がって全てを失ってしまうのか？

ただ僕は密かに期待していた。いくら何でも、この状態を見たらフリッツァだってなんとかしなければと思うのではないか……。

ところが彼は休憩に入った時、僕に向かって晴れ晴れとした顔をして、

「これでいい」

と言った。

そこで僕はキレた――。

「これでいい？」

「なんだ？」

「本当にそう思っているのか？」

「何が言いたい？」

「あなたがもし本気で、これでいいと思っているなら、僕はあなたの指揮者としての良識を疑うね」

「なにい？」

「客観的により良い公演をするよりも、自己満足を優先するというのか！　自分から見える合唱団員たちが全員自分をガン見してくれさえしたら、演奏の質はどうなってもいいというのか？　あなたはそれでいいかも知れない。でもあなたという指揮者を見ようとしても見ることが出来ない半分以上の合唱団員が、どれだけ疎外された気持ちになって歌い出せないでいるのか分からないのか！　みんなが疑心暗鬼で歌うので、合唱団の能力の三割も出ていないのに気付かないのか！　あなたは稽古場であれだけ合唱団に音楽的な要求をしただろう。これまで一緒に音楽を作り上げてきただろう。それが、全部台無しになっているのに気付かないというのか！　あなたはそんな程度の音楽家なのか！」

僕は一気にまくしたてた。さあ、これから彼の反撃だ。僕は身構えた。しかしその時、彼の顔にあったのは、いつもの横柄な表情ではなく、心底びっくりした表情だった。いつもはおだやかな僕から、そんな言葉が出てくるとは思ってもみなかったのかも知れない。しばらく沈黙。その後彼から出てきたのは、力のないひとこと。

「俺は……帰る」

そして彼はその後の練習を放棄して本当に帰ってしまった。何の議論もなかった。

劇場側は少なからずあわてた。でも彼がそんなにめちゃくちゃな奴でない証拠に、帰る時に劇場側にこう言い残していたという。

「今日は帰るが、明日のオケ付き舞台稽古には来る。その練習前に、一度合唱指揮者とじっくり話し合いたい」

それを後から聞いて、僕は、

「ああ、これでやっと対話の糸口がつかめた」

と思った。

そして翌日。

「昨日は言い過ぎたかも知れない。ごめんなさい」

と僕が切り出すと、彼はそれを遮って、

「いや、昨日は何も起きなかった。何もなかったんだ。お互いこれからのことを考えよう。お前はどうしたいんだ？」

「第二幕第二場の凱旋行進の場だけは、どうしてもペンライト・フォローが必要だ」

「ひとつだけ条件がある。俺の方を見ることが出来る者は、全員俺の方を見て欲しい。

俺を見られない者たちのフォローはしてもいいよ」

「オッケー！　ありがとう」

結局、合唱団はまさに彼らの持てる力を発揮出来た。音量も充分。表現も柔軟。僕は嬉しくて休憩に入ると真っ先にフリッツァの元に飛んでいって言った。

「ありがとう！　これで僕の合唱団は持てる力を充分に発揮出来るようになった」

すると彼は何をしたと思う？　ニッコリ笑って僕のことを痛いくらいに抱きしめたんだ。こいつ、オーデコロンのにおいがくさくて、普段はそばに寄るのも嫌なんだけど、その時だけはあまり気にならなかったな。それどころか、ちょっとホロッとなった。彼は、僕がどんなに自分の合唱団を大切に想っているか分かってくれたのだ。

日本人は、対立やいさかいを嫌うけど、西洋人と仕事をする時、対立から始まって相互の理解が生まれることが少なくない。西洋人は、今回のような言い合いをした後だって、意見が合えばハグしたりするのだ。いやそれよりも、対立することによって、相手が何に対しどのくらい〝譲れない大切なもの〟を持っているか理解出来、そのことによってお互いをリスペクトすることが出来るのだ。

もし僕がフリッツァの言うことを全て「ハイ、ハイ」と聞いて従っているだけだったら、彼は僕を認めてくれるどころか、守るべきものを何も持たない無能な合唱指揮者と見て、僕をどんどん下に見てくるかも知れない。

「ダメ元で要求してみたら、通っちゃったよ」

と西洋人が言うのをよく聞く。西洋人は、まずダメ元で要求することから始まる思考回路を持っているからね。

とにかく、それ以来、僕とフリッツァは親友になったのだ。

成長を見せた二〇〇九年「オテッロ」

それから一年半後に再び来日したフリッツァは、以前とは変わっていた。彼の作る音楽にはパッションと同じくらい叙情性が感じられる。かなり立体的になり、より構築性が感じられるようになってきた。オーケストラも彼に応えてとても良い音を出していた。

僕はフリッツァに言う。

「ここはペンライト使うよ。そうしないと絶対に合わないからね」

また反対の言葉が飛び出すかと身構えたが、彼はあっさりと、

「いいよ、お前に任せるよ」

　と言う。

「え？　いいの？」

「いいよ」

　しかし、その個所になると、彼は合唱の方を見もしないし、大きく振ることもしない。勝手にやれということだ。なんて分かりやすい奴なんだろう。でもその方がありがたい。ここはオーケストラもズレやすい個所。オケがバラバラになると合唱だって何を拠り所に合わせて良いか分からないので、指揮者がオケを掌握することに専念した方がいい。合唱は僕が全責任を負って合わせる。彼もそれを知っている。まあ、これで信頼関係が構築出来たってことか。あれ以来、僕の合唱は一度としてズレたことはない。これは僕が命を賭けてでもやるべきことなんだ。

　幻となった二〇一一年三月「マノン・レスコー」

　二〇一一年三月に再登場したフリッツァは、また一段と成長していた。オケ・ピットに入るやいなや、彼は瞬時にして東京交響楽団を掌握し、同時に舞台上の歌手たちに対しても支配力を発揮する。これまでなにかとワガママを言っていたソリストたちも、彼の発するオーラに圧倒されて、急におとなしくなったのは驚きだ。まさにオペラのマエストロとはかくあるべしという見本。オペラ指揮者に必要なのはこうしたオーソリティなのだ。

最初に来日した頃は、パワーだけで音楽を押し切っていく傾向があったが、来る度に彼の音楽作りは円熟してくる。驚いたことに、僕のペンライトに関しても任せっきりで、しかも前回のようにわざと合唱を無視するなんて子供じみたことはしない。最近はイタリア国内のみならず、ドイツをはじめとしてワールドワイドで活躍しているから、それぞれのセクションに任せることを自然に覚えたと見える。これも彼の成長の側面。

僕は、それから約二〇日後に、文化庁からの海外研修員としてミラノのスカラ座に行くことになっていた。それに合わせて数年前からイタリア語を勉強していたので、僕たちの会話は、前回の「オテッロ」の時からイタリア語で行われていた。

「お前、イタリア語随分上達したなあ。ミラノに行ったら合唱指揮者のカゾーニによろしくな！」

それから、

「お前の合唱、本当に素晴らしいな！　どんどんサウンドが洗練されてきている」

と言って肩を抱いてくれる。僕も正直に、

「お前、本当に良い指揮者になったな。音楽にラインがあるし、緊張感の漲《みなぎ》るところから叙情的なところまで、表現の幅が飛躍的に広がったね」

「おお、そう思ってくれるか？　大事なことはcolore（色）なんだ！」

僕たちはいつしか「tu（お前）」で呼び合っている。喧嘩していた頃は英語だったから、「you」では相手との距離感が表現されないというのもあったけれど。

「マノン・レスコー」公演は、三月一五日火曜日から始まることになっていた。キャストも指揮者も最高で、間違いなく劇場史に残る公演になるはずであった——。

ところが三月一一日、東日本大震災が起こり、「マノン・レスコー」公演は中止になってしまった。フリッツァと作り上げたこの素晴らしい音楽は、一度も聴衆の耳に届くことなく終わってしまった。実に無念だ。

あれ以来、僕は彼に会っていないが、その間に、何人かの日本人歌手が海外旅行に行った先の劇場で、フリッツァの指揮する公演を観ていた。彼らが楽屋に行くと、日本人であることを認めたフリッツァは、相手が誰であっても必ず、

「ヒロ・ミサワを知っているか？　合唱指揮者としてリスペクトしている。もし会ったらくれぐれもよろしく言ってくれ！」

と言ってくれるそうだ。彼との友情は永遠に続くと僕は信じている。

第5章　NOと言う合唱指揮者

僕が世界で最も尊敬する合唱指揮者はノルベルト・バラッチュである。バラッチュは、ウィーン国立歌劇場合唱指揮者を務めていた一九七二年に、それまでバイロイト音楽祭の合唱指揮者であったウィルヘルム・ピッツの後を継いで登場し、それから二七年もの間バイロイト祝祭合唱団を率いて、これを世界に類を見ないレベルにまで高めたことで知られる。

僕がバラッチュと知り合ったのは、一九九七年の新国立劇場開場記念公演「ローエングリン」の時。バイロイト祝祭劇場の総監督であるヴォルフガング・ワーグナー氏が演出をし、バラッチュが合唱指揮者を務めた壮大なプロジェクトであった。僕は若杉弘さんの副指揮者として公演に参加していたが、バラッチュの合唱音楽作りに興味を持ち、彼の合唱練習には欠かさず出席してサジェスチョンの仕方などを学習した。一方、バラッチュも、僕の立ち稽古での指揮ぶりなどを評価してくれて、互いに交流を深めていった。それが実を結んで、やがてバイロイト音楽祭で彼のアシスタントとして働くことを許される。

バラッチュはよく指揮者と喧嘩した。バイロイトで、相手がジュゼッペ・シノーポリ[*1]やアントニオ・パッパーノ[*2]などであっても、彼は、自分の作り上げた合唱音楽を壊されることを決して許さなかったのだ。

一方、そんな時は指揮者だって負けてはいない。「何を、たかが合唱指揮者め」という感じで自分の音楽的意向を通そうとする。そこに軋轢が起こる。でもバラッチュはどこまでも自分を押し通す。僕はそんな彼を見ていて、

「合唱指揮者もここまで音楽的主張をするのか！」

と驚嘆していた。

とはいえ、僕は個人的には、指揮者に自分の意見を曲げさせるのもどうかなあと思った。統一の取れた表現を指揮者が構築したいと思った時に、合唱指揮者が障害になるのも理想的ではないような気がしていた。

バラッチュの作り上げた合唱は、どんな時でもバラッチュの〝響き〟がしていた。僕が彼から学んだ一番大きなことは、合唱指揮者とは合唱のサウンドを作り出す芸術家なのだということだ。合唱指揮者は、合唱団の音取りなどの下ごしらえをして公演指揮者に渡すための仲介者などではないのだ。

練習中のバラッチュはとても恐い。しかし一方で、彼は、自分の理想の響きのイメージを合唱団員に伝えることにかけては天才的だ。惚れ惚れするような良い声で自ら歌い、自分がどういう発声で全体を統一したいのかを鮮やかに示す。なんといってもウィーン少年合唱団出身だ。ご幼少の頃から鍛えに鍛えた声だし、声楽のテクニックのことを知り尽くしている。ソット・ヴォーチェ（柔らかい声の表現）の個所では、どのくらいま

＊1　一九四六年イタリア生まれの指揮者。指揮と同時に心理学と脳外科を学び、精神医学的観点から導き出されたといわれる独創的な解釈が常に話題を呼んでいた。二〇〇一年四月二〇日、ベルリン・ドイツ・オペラで「アイーダ」の公演を指揮している最中、心筋梗塞で倒れ、そのまま急逝した。

＊2　イタリア人の指揮者だが、一九五九年に英国で生まれ、アメリカでピアノや作曲の勉強をする。バイロイト音楽祭でバレンボイムのアシスタントを務めた後、一九九九年の「ローエングリン」で指揮者としてバイロイト音楽祭デビューをし、好評を博す。英国ロイヤル・オペラの音楽監督。

でファルセット（裏声）の響きを混ぜて歌うべきか、かなり具体的なところまで指摘する。

音程にはもの凄くうるさい。ある個所などは、ソプラノの高音域の音程が低いと言って、二小節くらいを何度も何度もやらせ、しまいに、

「ここだけで二〇分も経っちゃったじゃないか。いい加減直せ！」

と真っ赤になって怒る。女性たちは本当に震え上がっている。

朝はまだ声が起きていないので、どの合唱団でも午前中の練習では音程が下がってしまうのが普通だが、バイロイト祝祭劇場の合唱団は、朝からピッチがきちんとしている。それだけバラッチュが恐いのだ。

バラッチュは、合唱団がフルヴォイスで歌ってからフレーズの最後の子音を発音すると、豊かな母音の余韻で子音が隠れてしまうのを知っている。だから彼は時々わざと音符を短く切らせて、次の音との間に休符を作る。こうすることによって語尾の子音を際立たせるのである。

その上、子音をおかしいくらい強く発音させる。「ニュルンベルクのマイスタージンガー」の歌合戦のシーンで、「Wach auf!（目覚めよ！）」と合唱が高らかに歌う個所があるが、バラッチュは、

「Wachchchchch auffffff!」

くらいの感じで発音させる。

初めてバイロイト音楽祭にやって来た新人団員は、それがあまりにはなはだしいので笑ってしまうが、オケと一緒に練習して、オケの余韻の中から全ての子音がクリアに聞こえるのを体験すると、彼らはもう笑わない。とにかく、バイロイト祝祭合唱団のドイツ語の明瞭さは、ドイツの劇場の中でも群を抜いている。

二〇一二年に新国立劇場で「ローエングリン」を上演した時、バイロイト常連指揮者のペーター・シュナイダー[*3]が振るというので、僕はいつもにも増してバラッチュ風に合唱を仕上げて彼に渡した。そうしたら、第一幕ラストの長い合唱場面にさしかかった時、彼が合唱団を止めて僕に小さい声でこう言う。

「ここさあ、君がバラッチュ風に音を短く処理しているの知っているけど、本当は譜面に書いてあるように長めにやりたいんだよ」

＊3　一九三九年、オーストリア生まれの指揮者。一九八一年の「さまよえるオランダ人」以降、定期的にバイロイト音楽祭で指揮。一九九三年から九八年までバイエルン国立歌劇場の首席指揮者。

「えっ？　でも、あなたもバイロイトでこの長さでやってたでしょう」

「そうだよ。本当は長めにやりたかったんだ。でもね、バラッチュに逆らうと面倒くさそうだろう。あいつ怒るとマジ恐いんだもの。だから彼の言う通りにやってたのさ」

なんだ、案外気弱な奴だなあと思ったけど、合唱指揮者がそこまで強いのも問題かも知れない。


そうした経験を踏まえて、僕の現在の合唱指揮者としてのスタンスはこうだ。僕も、自分のめざす合唱サウンドに対する確固たるイメージを持っている。それを実現するために、バラッチュがやっていたように、時にはひとりひとりの発声にまで踏み込んでそれを指導することも厭わない。現在の新国立劇場合唱団のサウンドの全責任は僕が負っている。さらに音楽的には、音取りのみならず、明日このまま自分が指揮をして演奏会が出来るくらいまで徹底して合唱音楽を作り込み、公演指揮者に渡す。

しかしながら、指揮者が、「こうしたい」と言った場合、その意図を実現するための方向転換をすることに決して躊躇しない。むしろ、どうやったら指揮者の音楽的方向性に沿って、しかも合唱団も充分に生かしながら上演にこぎ着けるか最善の道を探ることに命を賭ける。ゲスト指揮者にシュナイダーのような窮屈な思いはさせたくない。

そこがバラッチュと決定的に違うポイントだけれど、そうしたことにも気付かせてくれた孤高の芸術家バラッチュには、生涯にわたって感謝とリスペクトを捧げていくであろう。

第6章　燦然と輝くスター歌手

オペラ歌手といえば、ワガママ、気難しい、自己主張が強すぎ……なんていうイメージを持つ方もいるかも知れないが、そんな人たちばかりではない。オペラという巨大プロジェクトでは、主役の歌手が公演のレベルや稽古の雰囲気などを大きく左右するが、時に、主役のお陰で全てがうまくかみ合うという奇蹟が起こる。そんなしあわせな空間を作ってくれる歌手の一人が、一九七〇年生まれのドイツ人テノール、クラウス・フロリアン・フォークトだ。

二〇一二年五月一五日。ローエングリン役のフォークトが来日して、新国立劇場「ローエングリン」の主役が全員揃った。この日は、いよいよ合唱と合同の立ち稽古。第一幕ローエングリン登場のシーンから始まる。

フォークトが第一声を発するやいなや、稽古場を埋め尽くしている合唱団員たちの間に衝撃が走った。

「えっ？　なんて楽々と歌うの？」

このほとんどアカペラの歌い始めは、発声法で言うとちょうどチェンジ区域[*1]にあたり、不安定になりやすい音域。どんなベテラン歌手でも緊張する。だがフォークトの歌い方には何の困難も感じられない……というか、あのように歌われてしまうと、逆にあたかも誰でもあんな風に軽々と歌えてしまうような錯覚に陥る。

基本となっている声は、我々がワーグナー歌手というと必ず思い浮かべるヘルデン・

＊1　人間の声には地声と裏声（倍音）とがある。ポップスなどでは女声の声も地声で歌われるが、ベルカント唱法（第3章＊6参照）では、女声は基本的には裏声で歌われる。一方、バスはほとんどの音域を地声でカバー出来る。一番難しいのはテノールである。テノールは音域の真ん中くらいに、地声と裏声との境界線が来るのだ。そのため、両方の声を上手に混ぜてギャップを軽減することが不可欠なのであるが、この境界線あたりでは、どのテノールもみんな音程が不安定になりやすいし、音色も定まらないことが多いのだ。

テノール[*2]の重い声とは全く違う。むしろアントニーノ・シラグーザ[*3]などのようなレッジェーロ（軽快）なロッシーニ向きの声。ポジションがとても高いところにあって、目をつむって聴くとアルト歌手のようだ。あるいは、さだまさしのような女性声と言ってもいい。

でもそのままクレッシェンドしていって、輝かしいフォルティッシモになると、もはやレッジェーロなどでは決してない。信じられないくらい男らしく強い声。驚くべきはそのコントロールの技巧！　どんな音域でもどんなダイナミックスでも自由自在なのだ！

開いた口がふさがらないとはこういうこと！　しかもテノールにしては珍しく、背も高く、甘いマスクと抜群のスタイル。休み時間になると、男性合唱団員は彼の発声のことを口々に語り、女性団員はそのカッコ良さにひたすらため息をついている。

フォークトは、たとえばヨナス・カウフマン[*4]のドラマチックなアプローチとは正反対だ。僕は二〇一〇年の夏、バイロイトでカウフマンの「ローエングリン」を聴いた。カウフマンの魅力は、なんといってもあの輝かしいフォルテにある。同時に、弱音のテクニックにも優れ、彼も素晴らしいコントロールのテクニックを持っているが、フォルテとピアノとの間には少なからずギャップがある。

ここまではフォルテ・モード、ここからはピアノ・モードと決めていて、フレーズが両者にまたがっている場合には、その移行部分に継ぎ目が見えてしまう。さらにピアノでは技巧を誇示するような面が見える。

「ほら、僕はピアノもこんな風に出るんだよ」

と言われているような違和感があった。

ところがフォークトは、ささやくようなピアニッシモからメッゾ・ピアノやメッゾ・フォルテを通ってフォルティッシモまで、全て響きが連続的につながっており、何のギャップも感じさせない。まさに天衣無縫な声。

＊2　ドイツ語のHeld（英雄）から来た言葉で、ヘルデン・テノールを直訳すると英雄的テノールとなる。ワーグナーの楽劇を歌うにふさわしい輝かしく声量の豊かな重めのテノールを指す。

＊3　一九六四年生まれのイタリア人テノール。抜群のテクニックと演技力で、日本でも絶大の人気を誇る。

＊4　一九六九年ミュンヘン生まれのテノール。オペラ・デビューしたのは大学生の時だというので遅くはないが、世界的名声を確立したのはわりと最近の話なので、遅咲きと言ってもいいだろう。ドイツ人でありながらインターナショナルな発声で聴衆を魅了し、音楽的にも説得力のある成熟した歌唱を聴かせる。

音楽的感性は抜群。フレージングや様々なドイツ語のニュアンスが見事に描き分けられており、あたかもシューベルトやシューマンなどのドイツ歌曲を聴いているようなきめ細かな表現が全編にわたって聴かれる。二〇一〇年には、バイロイトの「マイスタージンガー」で彼がワルター役を歌うのを聴いたが、神秘的な聖杯の騎士ローエングリンこそ、彼の特質が最も生かせる役だ。現在世界中でこんな風に歌えるローエングリンは他に誰もいないと断言する！　しかも今が旬！

「君の合唱団、凄くいいじゃないか」

二〇一二年六月一六日、「ローエングリン」の全公演が、センセーショナルなほどの盛り上がりのうちに終了した。マエストロ・ペーター・シュナイダーの職人的指揮を中心に、合唱とオケ、ソリストたちのチームワークは、信じられないほど密なアンサンブルを繰り広げた。

こんなに全ての歯車がかみ合って、ひとつの方向に向かって互いに刺激し合いながら登り詰めて行けるプロダクションは、僕の新国立劇場における様々な経験の中でも初めてかも知れない。

ローエングリンが最初に中空から現れて、姿も見えないで魔法のような美しいソロを歌う。するとそれをソット・ヴォーチェの合唱が受ける。今度は姿を見せたローエングリンがハッとするような輝かしい声で王様に挨拶する。また合唱が弱音でそれに答える。こうしたやり取りの全てに〝響きの関連性〟が生まれている。

彼とは互いにファーストネームで呼び合うようになったので、これからクラウスと呼ばせてもらう。僕とクラウスは、互いに協力して練習中にこれらの響きを作り上げていったのだ。彼の声が従来のワーグナー歌手の常識と違っているように、新国立劇場で僕が作っている合唱団のサウンドも、ドイツの歌劇場合唱団とは微妙に違う。それが逆にクラウスの興味を惹きつけたようである。

「君の合唱団、凄くいいじゃないか。音楽的で、響きも揃っていて！」

彼に言われた時には、普段あまり平常心を失わない僕だけれど、はっきり言って結構舞い上がってしまった。それから僕たちは、「ワーグナーを歌う声は重くて強くないと駄目だ」という既成観念に背を向けて、「どんなダイナミックスや表現にも対応出来るフレキシブルな声」をモットーに、クラウスと音楽的な摺り合わせをしていった。僕が作った合唱の弱音を受けて、彼の次の歌が変わってくる。僕もそれを受けて合唱団にサジェスチョンを出す。なんと素晴らしいキャッチボール。なんと充実感に溢れていた時間！

クラウスの凄いところは、あれだけ堂々とした主役を演じていながら、全体の中の自分の立ち位置を知っていることだ。自分さえ目立てばいいと思う主役ばかりのこの世界で、これはほとんど考えられないことである。

どこでどのくらい自分を主張すればいいか、ここではどのくらいの音量でどのくらい目立ち、逆にここでは相手役を引き立たせるために自分がどのくらい下がればいいか、彼は全て心得ているのだ。

特に、〝コンチェルタート〟と呼ばれる、ワーグナー前期作品に特徴的な、ほぼ全員のソリスト及び合唱で構成される大規模な声楽のアンサンブルでは、ローエングリンがアンサンブル全体を煽動する個所と、逆にアンサンブルの一員として参加する個所とで、彼は絶妙な音量調整をする。ヴィブラートのあり方まで彼は調整して、ハーモニーの一員となる時にはほとんどノンヴィブラートで歌うのだ。

彼は、歌手に転向する前、すでにハンブルク・フィルハーモニー管弦楽団の第一ホルン奏者として活躍していた。ホルンといえば、グループになってオケのアンサンブルの中核を成し、弦楽器と共に豊かな響きを作り上げていく重要な楽器だ。そして必要とあらば輝かしいソロもする。クラウスの中には、ホルン吹きとして培ったバランス感覚が確実に残っている。

他のソリストたちも、自分の声を音楽的要求に合わせてコントロールすることを彼から学んだようである。舞台上での声楽アンサンブルは、これまで聴いたことのないほど緻密なものに仕上がった。

僕は、ある時彼に訊いた。

「あんな風にチェンジ区域のギャップを感じさせないで聴かせることって、普通出来ないだろう。やっぱり、天性そういう喉だったのだろう？」

「いやいや、努力したんだよ。何度も何度も練習した。今だってそうだ。まだまだ完璧からは遠い。でも言えることは先生が良かったんだ」

僕は、感動したね。偉大なる者は皆謙虚だ。クラウスは常に己の限界を知り、それに挑戦しているのだ。

一方、練習場や楽屋でのクラウスは、いつも陽気で、みんなに気を遣っている。さらに偉いところは、「気を遣っていることを見せない」ようにしている。なんていい奴！

いつの間にか、クラウスKlausを中心に、ソリストたちや合唱団員たちを含めたクライスKreis（ドイツ語で〝環〟あるいは〝サークル〟の意味）が出来ていた。本番が始まった楽屋エリアでは、たいてい一人や二人ピリピリとナーバスになっているキャストがいるものだが、今回ほどみんな仲良くなごやかな雰囲気に満ちた楽屋エリアは見たことがない。

勿論、マエストロ・シュナイダーの手堅い棒が、歌手たちに決してストレスを与えないというのもあった。でも、キャストたちがみんなポジティヴな気持ちで毎回舞台に出て行き、このような稀有なるレベルを維持しつつ公演を終えることが出来た背景に、クラウスの存在があったことを否定する者は誰もいない。

クラウスこそは、テノール歌手を超えた真の芸術家だ！

第3部　やっぱり凄かった！　世界のオペラ座

第7章　聖地バイロイトの思い出

幸いなことに、これまで僕は新国立劇場だけではなく、世界の様々な歌劇場と仕事をする機会に恵まれた。第三部では、そこで感じた文化の違いや、オペラの仕事について学んだことをみなさんと分かち合いたい。

話は戻るが、僕は高校三年生の頃から、西荻窪にあるバリトン歌手の原田茂生先生の家に声楽のレッスンに通っていた。我が国におけるドイツ歌曲の権威である。京都大学を卒業してから芸大に入学したインテリで、オーディオ雑誌に原稿を執筆しているオーディオ・マニアでもあった。

僕が地方から出てくるので、先生はいつも僕のレッスンを午後一番にしてくれていた。

ある時たまたま早く着くと、先生はくつろぎながらステレオで、聴いたことのない曲を大音響でかけていた。ご自慢のステレオだけあって、もの凄く良い音だった。

「これはなんという曲ですか？」

「これは『トリスタンとイゾルデ』じゃ。ワーグナーはええぞう！」

僕がワーグナーと出遭ったのは原田先生のお陰である。僕はそれ以来、わざと先生の家に早く行った。

「お前、もう少し遅く来い！　わしはお昼休みにくつろいでワーグナーを聴くのが何よりも楽しみなんじゃ。それを奪うな！」

と言われてもやめなかった。しまいに先生はあきらめて、

「これはな、出たばかりの新譜じゃ。どうだ、ええじゃろう！」

といろいろ紹介してくれた。

ある時、先生は僕に「タンホイザー」の絵はがきをくれて、

「ついにこの夏バイロイト音楽祭に行ってきたんじゃ！　まるで夢のような日々だった。お前もいつか行くがいい」

その時に僕は初めて知ったのだ。ワーグナーの楽劇だけを上演するバイロイト音楽祭のことを。それ以来「バ・イ・ロ・イ・ト」という言葉は僕の中で呪文のようなものに

なった。ちょうどその頃、僕はキリスト教に惹かれていた。結局二〇歳《はたち》の時に洗礼を受けたが、それだけでは飽き足らなかった。イエス・キリストを信じたら救済される側に回り、天国行きの切符を手にしてそこで思考停止というのではあまりにもつまらないと思った。僕は世界を解き明かしたかった。芸術にもその答えを求めていた。そんな僕に応えてくれたのはドストエフスキーとヘッセであったが、そこに新たにワーグナーが加わった。

僕はワーグナーをむさぼるように聴いた。年末になると、バイロイト音楽祭の放送がＦＭであり、その年の夏にバイロイトで上演されたワーグナーの楽劇全演目がノーカットで放送された。僕にとってバイロイトは今や聖地となっていた。自分の生涯のうち、一度だけでいいから聖地を訪れ、音楽祭を生で聴こうと心に誓っていた。しかしながら、聴衆とし

ワーグナーが自ら創設したバイロイト音楽祭は、1876年に完成したドイツのバイロイト祝祭劇場で毎年夏に開催される

てではなく、スタッフとしてこの音楽祭で働くことを許されるとは、その頃誰が想像出来たであろう。

今でもありありと思い出す。バイロイト中央駅から祝祭劇場に向かって真っ直ぐ走っている道に立ち、緑の丘にそびえる劇場を初めて見た瞬間の感動を。涙が自然に溢れ、頬を伝った。

「とうとう来たんだ！」と身が震えた。

僕は一九九九年から二〇〇三年までの五年間、毎年夏になると渡独し、祝祭合唱団の指導スタッフの一員として従事した。

別天地

バイロイト音楽祭は、世界中のワグネリアンにとっての聖地であるが、中で働く者たちにとっても特別な雰囲気を持つ仕事場だ。祝祭合唱団のスケジュールで言うと、練習開始は六月二〇日。音楽祭の初日が七月二五日で千秋楽が八月二八日。音楽稽古から始まって初日までの間に、約一ヶ月で何演目ものプロダクションを仕上げるわけだから、練習期間は朝昼晩のフルタイム稼働。合唱団員たちが普段働いている劇場での仕事の何倍もきつい。

夏の間のバカンスを何よりも大切にするドイツ人にとって、ワグネリアンでなかったら誰が好きこのんでこんなところに来るものか。ひと夏の休暇が全部フイになるのだ。逆に言うと、だからこそ、ここで働く者にワーグナー嫌いはひとりもいないのだ。

プロの音楽家というものは、アマチュアの人たちが想像するのとは違って、普段の仕事場で互いに音楽を熱く語ったりはしない。しかしここでは、休憩時間にカンティーネ（楽屋エリアにあるレストラン）でワーグナー談義に花を咲かせている人たちを見るのは珍しくない。まるでクラブ活動のような純粋で真摯な関わり方は、この音楽祭特有のものである。

合唱団だけではなく、オケの楽員もソリストたちも、演出家や衣裳スタッフや技術部のスタッフに至るまで、みんな明るく誇らしい顔で仕事している。やはりここは想像していた以上の別天地である。

楽屋エリア内の生活

バイロイト祝祭劇場の楽屋エリアに入る守衛のチェックは厳しく、猫の子一匹たりとも入れまいぞという感じで徹底している。免許証のような写真入りの通行証を見せるが、必ず顔と照合される。うっかり髪を切ったら人相が変わって入れてもらえなくて、新しい写真でまた通行証を作らされた者もいる。

これだけ厳しい一方で、家族や身内の通行証をいくつも発行してくれる鷹揚さもある。子供の通行証も当たり前のように作ってくれる。しかも練習期間中から音楽祭終了までずっとなので、合唱練習だったら合唱指揮者の許可さえあれば自由に見学することも出来るし、カンティーネは朝の八時から夜中の一時までずっと開いているので、そこで過ごすことも出来る。僕も、妻の分と娘二人の分を作ってもらった。その頃、長女がパリに留学していたので、よくバイロイトに遊びに来て、合唱の練習や、舞台稽古などを見学していた。

「劇場に家族を入れるなんて」

という日本的な感覚は、ここではないのだ。

中には家族と愛人の両方の通行証を作ってもらって、代わりばんこに連れてきて、見ているこっちがハラハラするような綱渡りをしているふとどき者もいる。これだけ寛容なのは、ワーグナー自身が女性問題に対してユルかったせいかと勝手に想像していたが、世の中ではバカンスの時期なのだから、このバイロイトの地をバカンスの代わりに使わせてあげようという配慮かも知れない。

面白いのは、バス歌手のハンス・ゾーティンなどは、劇場の敷地内にキャンピングカーを停めて、ホテルを取らずにキャンピングカーの中で生活していた。先ほど言ったようにカンティーネはほぼ一日中開いていて、食事は街で取る半分の値段で出来るし、ビールもワインも飲める。恐らく衣裳係のところで洗濯もしてもらっていたと思われる。みんなの中で最も安く快適に生活していたのは間違いない。

オケの自由自在な表現力

バイロイト祝祭管弦楽団のうまさといったら、もう言葉には尽くせない。一番驚くのは、全てのシーンにおいて、その情景にふさわしい音を出すこと。こう言うと当たり前のようだけれど、ドイツ語がネイティヴではないオケでは、ここまできめ細かい対応は絶対に出来ないと思う。

「君を愛してる！」

というテキストがソリストによって歌われると、柔らかく愛情溢れる音が鳴る。

反対に、

「お前を憎む!」

というテキストには鋭い憎しみの響きが対応する。

深い絶望、暗い復讐への情熱、裏切り、軽蔑、嫉妬など、それまでのオペラでは表現し得なかった様々な感情をワーグナーの音楽は克明に描き出す。祝祭管弦楽団はまるでひとつの有機体のようにうねりながら、皮膚感覚でテキストや情景に寄り添っていく。その表現力の凄さには舌を巻く。これは明らかにひとりひとりの楽員の愛と経験との為せる業だ。世界中でこんな演奏が出来るのはここだけだ!

オケ・ピットの特殊構造

バイロイト祝祭劇場のオーケストラ・ピットは特別な構造を持っている。ピット自体が舞台の下に潜り込んでいるのだ。そのため、指揮者から舞台前面までの距離は極端に短く、ピットは、指揮者から三メートルくらい先から舞台そのものによって覆われ、床面は後ろに行くに従って階段状に下がっている。

これによってワーグナーの絢爛豪華な大管弦楽は、その大音量をもってしても歌手た

劇場のオケ・ピット見取り図

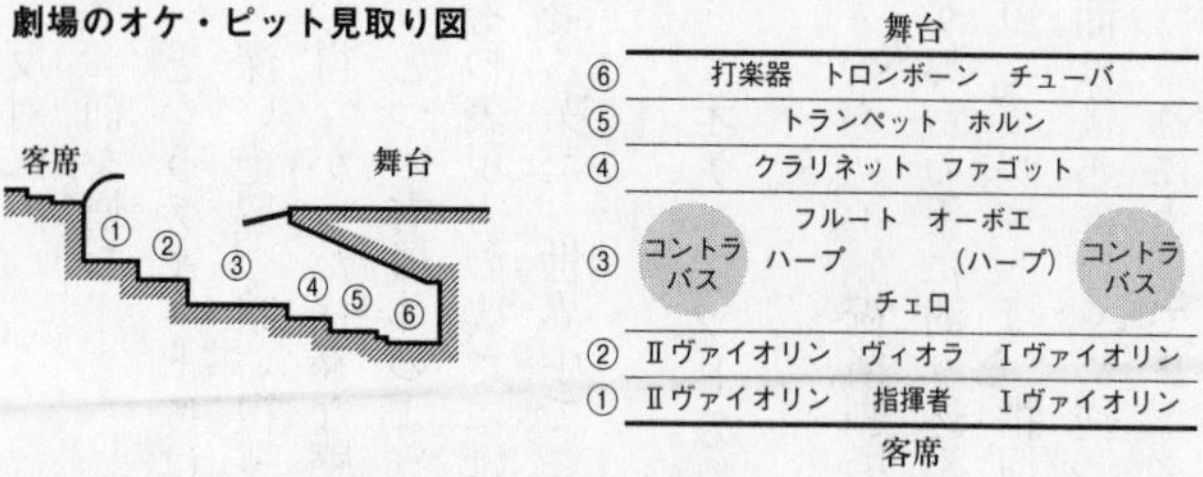

ちの声を決して覆うことがなくなった。歌手が歌うメロディーのみならず、ワーグナー自身が書いた歌詞の一言一言に至るまでクリアに聞こえるようになったのである。

さらにワーグナーは、客席からピット内が全く見えないように設計した。具体的に言うと、指揮者のすぐ後ろの壁がアーチ状になってすっぽりと覆っているのだ。彼は、指揮者の動きや、弦楽器奏者の弓の運びや、管楽器奏者が唾を出したりする現実的な動きが、聴衆がドラマに集中するのを妨げることを決して許さなかったのである。

かくしてワーグナーは、彼の楽劇を上演するうえで理想的な条件を備えた劇場を誕生させた。しかしながら、演奏者の立場から見た場合、これほど上演しにくい劇場はない。

ピット内のオケの配置はすこぶる変わっている。普通なら指揮者の左側に第一ヴァイオリンが来るが、なんと右側にいる。何故なら、先ほど言ったように客席とピットを隔てる壁がアーチ状になっていて、音は舞台方面に飛んでいくしかないから、体の左側に楽器を持って右側に音を飛ばすヴァイオリンは指揮者の右側に座った方が有利なのである。第二ヴァイオリンは反対に不利な位置になるわけだが、この際第一ヴァイオリン優先ということだろう。

それから一段下がったところでは、中央にヴィオラが並び、その両はじに残りのヴァイオリン奏者たちが座っている。驚くことに、さらにその後ろの段では、チェロが指揮者の方を向いて一列に並んでいる。コントラバスはと言えば、そのチェロの両脇に半数ずつに分かれて並んでいる。

「両側のコントラバス奏者同士でズレないの？」

と二人のコントラバス奏者に訊いた。一人は胸を張って、

「今まで一度もズレたことはない」

と言い切った。もう一人は笑いながら、

「やっぱり時々ズレるさ」

と言った。まあ、どちらも半分ずつ本当だろう。

同じ段にはハープもいてチェロの後ろから木管楽器群が始まる。さらにその後ろにトランペットとホルン（場合によってはワーグナー・チューバ）が一列に並び、最後列に、

トロンボーン、チューバとティンパニーおよび打楽器がいる。つまり教室の椅子の並びのようにオケのメンバーが並んでいるということだ。通常のオケの配置からは考えられないことであるが、階段状のオケ・ピット構造が、この配置を強いているのだ。

この劇場は指揮者にとっても、慣れるまでは相当なストレスを抱えることになる。まず、オケの音は直接客席には飛んでいかずに、一度舞台上に行き、そこから跳ね返って初めて客席に届く。つまり聴衆の耳にはワンテンポ遅く届く。

ところが客席の方を直接向いている歌手たちの声はダイレクトに届く。ということはすなわち、歌手が指揮者の棒に合わせて歌い始めたら、オケより早く飛び出してしまうことを意味する。

客席で正しくタイミングが合っているのは、指揮者にとっては、舞台上の歌手が、自分の棒やピット内で響いているオケの音よりも常にワンテンポ遅く歌っているという状態だ。これがどれだけ指揮者にとってやりにくいことか分かるだろうか。

勿論、それは歌手にとっても同じことだが、歌手の方がまだやりやすい。彼らは指揮者の棒ではなく、今舞台上で響いている音に乗って歌えばいいのだ。ただオケも休止していて一緒に歌い始める場合は、頼りになるのは指揮者の動きしかないから、どうしても歌が先に飛び出してしまう傾向がある。

この劇場の音響は確かに素晴らしい。そのピュアーな音響を維持するために、劇場はどんなにソリストたちが要求しても、決して舞台上のモニター・スピーカーの音量を上げない方針を貫いている。

そうでなくても、穴倉の中に押し込められているオーケストラは、舞台上からはとても小さく響く。それはそうだ。歌手の声を聴かせるために、わざとオケの音量を抑える構造となっているのだ。だから反対にソリストの側からしたら、とても心許ない伴奏に乗って歌わなければならないのである。

このように、客席で理想的なバランスで響くために、演奏者はその分だけ過酷な犠牲を強いられているわけである。でも考えてみると、昔からハンス・クナッパーツブッシュ[*1]もカール・ベームも、ビルギット・ニルソン[*2]もハンス・ホッター[*3]も、みんなこの条件で演奏してきたのだ。それをずっと貫いてきた祝祭劇場って凄い！

＊1　戦後バイロイトに君臨した伝説的なドイツ人指揮者。一八八八年生まれ、一九六五年没。ワーグナーの楽劇のレパートリーは勿論のこと、ブルックナーの交響曲の名演でも知られる。性格は頑固で口の悪いことでも有名であり、公演中でも気に入らないと、舞台上の歌手に向かって、「このクソったれ！」と怒鳴ることも少なくなかったという。

ドイツ人のドイツ語を直す僕

さて、祝祭劇場における僕の具体的な仕事について説明しよう。まず音楽祭の練習は、合唱指揮者が行う音楽稽古から始まる。僕たちアシスタントは交代でピアノ伴奏をする。合唱指揮者ノルベルト・バラッチュは、全演目を暗譜していて、譜面を全く見ないで練習をつける。途中で止めて注意をし、再び繰り返す時でも、ページ数や練習番号などは言わずに歌詞で始める個所を指示するので、ドイツ語に耳が慣れていない僕は、最初の何日かは極度に緊張した。

でも僕は、当時すでに合唱指揮者として活動していたので、バラッチュが何が気に入らなくて練習を止めたのかも理解出来たし、彼が次にどこから音楽を再開したがっているかも手に取るように分かった。だから彼が指示する前にもう次の音をピアノで合唱団に示していた。これがバラッチュをかなり喜ばせたようであった。僕が弾くと練習の流れが途切れないので、彼は好んで僕を伴奏者として使ってくれた。

立ち稽古になり舞台に行くと、客席からは見えないが舞台の両袖にある照明用のポータルの上から、指揮者の映っているモニター・テレビを観て、ヘッドフォンで音を聴きながらペンライトでフォローする。

合唱団が指揮者を直接見て歌うことは禁じられている。それは先ほど述べたように、劇場の持つ特殊な音響構造の故だ。指揮とのタイミングのズレをひとりひとりの団員に判断させたら間違いなくバラバラになってしまうから、僕たちのペンライトに従って歌うことを強要されるわけだ。

でもペンライトを振る我々だって難しいのだ。モニター・テレビで指揮者を観ているのだが、当然のことながらこれに従って振ってはいけない。さらにヘッドフォンから聞こえてくるオケの音は、ピット内のマイクでひろっているから、それよりもっと遅いタイミングで振らなければならない。とはいえ、遅すぎたらもっといけない。

＊2　スウェーデンのソプラノ歌手。一九一八年生まれ、二〇〇五年没。その圧倒的な輝かしい声で、「トリスタンとイゾルデ」のイゾルデ役をはじめ、ワーグナー歌手として名声を博した。

＊3　ドイツのバス・バリトン。一九〇九年生まれ、二〇〇三年没。バイロイト音楽祭では、楽劇「ニーベルングの指環」のヴォータン役で一世を風靡した。僕は学生の頃、何度もホッターの歌曲の演奏会に行き、温かく深い声で歌うシューベルトの歌曲にシビれた。二〇〇三年の夏にバイロイトでお会いして、いろいろ話をした。とてもおだやかなやさしい人で、日本が大好きだと言っていたが、その年の一二月に亡くなってしまった。

　さて、僕にはもうひとつ大事な仕事があった。それは、「初心者稽古」を行うこと。合唱指揮者本人はこれにはタッチしない。あくまで「すでに出来ている」というのを前提条件に練習をつけるから、祝祭合唱団に初めて参加する「初心者」の練習はアシスタントがつける。二人一組になって、一人が練習をつけ、もう一人がピアノを弾くのだ。

　一年目の時は、僕自身がむしろ初心者だったので、ピアノを弾くばっかりだったけれど、二年目から練習を任された。その中で、いろいろ面白いことを経験した。たとえばあるドイツ人団員が、「gehen」の最初の「e」は「イ」に近い閉口の「エ」で発音すべきなのに、口が開きすぎていたので注意した。

「これは閉口ですからもっと閉じてね」と言ったら、

「え？　そうなの？」と言う。

「え？　知らないの？」と訊くと、

「これまで意識したことなかった」

　と言うではないか。でも、そうしゃべっている彼の閉口母音は、無意識のうちにきちんと閉口になっている。歌うと分からなくなるのだ。僕は彼に感謝されてかえって面食らった。なんで日本人の僕が彼らのドイツ語を直すのだ？

　その他にもいくつか直すべき点があって、僕の練習でのドイツ語の矯正は結構評判が良かった。特に外国人団員には容赦なかったからね。

深い森のような合唱

ドイツ人合唱団の声は暗くて深い。まるでドイツの森のようだ。特にテノールの発声は、イタリア人の響きと対照的だ。エルンスト・ヘフリガー[*4]とジュゼッペ・ディ・ステファーノ[*5]の声を比べてみれば一目瞭然だが、ステファーノの明るい「ア」の母音が、額から四五度上の角度にスカッと抜けていくのに比べて、ヘフリガーは頭のてっぺんあたりから胸声と裏声のブレンドした声を響かす。

実際にバラッチュは、テノール団員たちに、かなり下のポジションから裏声を混ぜる

＊4　スイス出身のテノール歌手。一九一九年生まれ、二〇〇七年没。ドイツ的発声の典型的な例。やや暗めの声で、弱音を駆使した歌曲などの演奏には、他の追随を許さないものがあった。僕も、一度だけ一九八九年に「マタイ受難曲」で共演したが、指揮していて感動で胸に込み上げる瞬間が何度もあった。

＊5　一九二一年生まれ、二〇〇八年没のテノール歌手。前頭部に声を響かせる、最もイタリアらしいテノール。歌唱は男らしい色気に富み、イタリアの聴衆を大いに沸かせた。時々、ステファーノの歌うカンツォーネ集を聴くと、胸がスカッとする。

ように指導し、これを頭声と呼んでチェンジ区域のギャップをなくそうとしていた。こうすることで、高音域においてもフォルテからピアノまでコントロールの利いた歌唱を可能にするのだ。この歌い方は、バッハの受難曲の福音史家や、シューマンやヴォルフなどのデリケートなドイツ歌曲に向いている。その一方で、張りのあるイタリア・オペラのアリアでは物足りなさが残るのも事実だ。

そもそもドイツ語の母音そのものが、イタリア語の母音とは違って響きが深いのだが、よく聴いてみると、彼らの音色の暗さや深さはそれだけが原因ではないらしい。恐らく、ゲルマン民族特有の体の作りや骨格の為せる業のような気がする。いやあ、これがネイティヴの凄さというものだ。あんなに発音するのが難しいドイツ語の子音を、彼らは高速のパッセージでさえ軽々と飛ばしまくるし(ドイツ人だから当たり前なんだけど)、そのドイツ語発音の彫りの深さと彼らの音色の暗さが分かち難く結びついているのだ。

実際にこの響きが、世界中のワーグナー合唱の規範となっているのは疑いようもない事実だが、この響きを日本人の合唱団が手に入れるのは不可能に近い。そのためには、日本人の骨格を変えねばならない。

合唱の話からはちょっとはずれるが、ワーグナーの楽劇「ワルキューレ」ではプラシド・ドミンゴ[*6]がジークムントを歌っていた。立ち稽古や舞台稽古をそばで聴いていると、彼としては限界近くに発音も発声もドイツ寄りに歌っている。それでもドイツ人に言わせると、

「彼はギリギリのところでドイツ人歌手のようには歌えない。自分のスタイルを守っていて、こちらに踏み込んでこない」

ということらしい。その限界点を越えてしまうと、発声が乱れ、ドミンゴがドミンゴでなくなってしまう。でも限界点を越えてくれないドミンゴは、ドイツ人には不満なのだ。ネイティヴの壁は想像していたよりも厚い。

ゲルマン民族は体が大きいので、アルトやバスなどの低音系の歌手の声の厚みが凄い。バス団員の半数以上が身長二メートル以上で体重一〇〇キロ以上だ。僕なんか彼らの間に立つと子供にしか見えない。こういう人たちから構成されている合唱団だもの、よく

＊6　三大テノールの一人。スペイン生まれ。驚くことに、一九四一年生まれながらいまだにオペラの舞台でバリバリ歌っている。

言われるように低音からピラミッド状に響きが作られ、和声感のあるどっしりとした音像が構築出来るのだ。

祝祭合唱団では、それだけでは飽き足らず、ロシアから特別にオクターヴィカー（オクターヴ下を出す人という意味）と呼ばれるバス団員を特別待遇で雇っている。僕は彼らから声を聴かせてもらったが、普通の人の低音の限界点からさらに一オクターヴ下まで本当に出るのである。ただ、楽譜よりオクターヴ下を歌うというわけではなく、同じ音域を歌っている。それでも彼らがいるだけでバスの厚みに違いが出る。こんなの聴かせられたら、体の小さい日本の合唱団などはもうお手上げだね。

見果てぬ夢

とにかく夢のようなバイロイトでの生活。滞在する二ヶ月半は毎夏またたく間に過ぎてしまい、日本に帰るのが嫌になるほどだ。そして日本に帰ると、なんとかしてこの経験を日本の音楽界に還元しなければと思うのだが、現実とのギャップの深さに途方に暮れているうちにまた時が過ぎてしまい、次の夏を迎える。

その一方で、僕は二〇〇一年九月から新国立劇場合唱団指揮者に就任する。この合唱団を任せられることによって、僕はやっとバイロイトでの経験を生かせるレベルの合唱団を得た。それ以降、特にドイツ・オペラの合唱においては本当に心血を注いだ。僕の頭の中には常にバイロイト祝祭合唱団の響きがあったし、どうにかしてそれに近づけようと全力を尽くした。

そのお陰で、新国立劇場で二〇〇五年に「ニュルンベルクのマイスタージンガー」を上演した際、ドイツのメルクール紙の批評で取り上げられ、

「この合唱と同じレベルのものは、世界広しといえども、ただバイロイト祝祭劇場でしか聴かれない」

と書かれた。

僕は、これまでの努力が報われた気がして嬉しかったが、それでも本当は知っているのだ。あの神秘的なほどの祝祭合唱団の深い響きには決して到達出来ないであろうことを。僕の見果てぬ夢は生涯続くのかも知れない。

第8章　ベルカントの殿堂——スカラ座

二〇一一年三月三一日。僕は、東日本大震災直後の失望と不安にうち沈んだ日本を後ろ髪を引かれる思いで後にし、ミラノに飛んだ。文化庁からの海外研修員として、スカラ座で八〇日間の研修を行うためである。

日本を遠く離れたイタリアでは、東日本大震災などどこ吹く風なんだろうと思っていたが、決してそんなことはなかった。ドゥオモ（大聖堂）の横では、さかんに原発反対の街頭演説が行われていて人々が群がっていたし、テレビでは、日本では見られないような津波の映像が繰り返し流れていた。僕が日本人だと分かると、沢山のイタリア人が寄ってきて僕に震災や原発の事故のことを根掘り葉掘り訊く。

でも日本にいた僕の方が、かえって彼らより知らないことが多かった。原子炉については、正確かつ詳細な炉心溶融などの被害状況がテレビで伝えられていた。日本政府は、あの時点ではまだ炉心溶融を認めていなかったのに……。ヨーロッパで当たり前のように真実が伝えられているのに、当事者である日本国内だけは周到な報道統制が敷かれていることに気が付いて愕然とした。

このようなギャップに驚かされる毎日だったので、僕はかえって「別天地でひとりのほほんとしている」という罪の意識にさいなまれずに済んでいたのかも知れない。それでも、日本人にとって一番大変な時期に祖国を離れているのは辛かった。

イタリアンな「魔笛」

ミラノに着いて、すぐ次の日、すなわち四月一日にスカラ座に行って研修の手続きをした。僕を迎え入れ

言わずと知れた、イタリア・オペラの殿堂、スカラ座。1778年完成

てくれる合唱指揮者ブルーノ・カゾーニ氏とも再会し、合唱団事務局や練習場所などを案内してもらった。

その晩はモーツァルト作曲「魔笛」の公演だった。僕は、舞台袖でカゾーニ氏の仕事を見せてもらった。舞台裏で行われていることはどこの劇場も似たようなものとはいえ、微妙にやり方が違う。あらためて思ったのだが、何も知らない若者が研修に行って一から全てを覚えるのもいいが、僕のように現場でキャリアを積んだ者が、他の一流劇場の仕事を見るのはとても勉強になる。

合唱団が舞台裏のコーラスを歌うために集まってきた。さすがおしゃべりの国イタリア。舞台袖でみんなが普通の声でおしゃべりをしている。声が客席に届きそうなくらい大きくなると、誰かが「シーッ！」と注意する。

時々思い出したように、

「Signori, silenzio per favore!（みなさん、お静かにお願いします！）」

と舞台袖全体に向かって叫びながら歩いていく人がいる。ベルカントの良い声で堂々と響き渡っている。これ、絶対に客席に聞こえているよ！

舞台袖の音声モニターの音量が凄く大きい。バイロイトなどでは、劇場の音響の純度を高めるために、ほとんどモニターの音を出していないのに。ここではこのような御歓談状態の人たちに聞かせるんだもの、大音量でないと今どこをやっているのかさえも分からないというわけか。

王子タミーノが、

「この深い闇はいつ明けるのか？」

と問いかけるのに対し、裏コーラスが、

「間もなくだ。さもなければ決してない」

と答えるシーンでは、合唱の音色があまりにもドイツ系の劇場と違うのでびっくりした。裏声に近いソット・ヴォーチェで歌われるのが普通なのだが、テノールなどはあっけらかんと地声で歌っている。

合唱だけでなく、ソリストたちもオケも、みんなとても高いクォリティで演奏しているのに、言いようのない違和感を肌で感じる。イタリアンな音色のせいだ。「フィガロの結婚」などはイタリア語で書いてあるからこれでもいいだろうけれど、「魔笛」はドイツ語オペラだ。そういえば、歌手たちのドイツ語の発音もちょっと変だし、母音の色がそもそもドイツ語にマッチしない。オケの音色も明るく楽天的でラテン的。とてもドイツ的とはいえない。

普段CDでもテレビでの放映でも、スカラ座と言ったらイタリア・オペラしか聴かないから意表を突かれた。でも、慣れてみるとこのイタリアンな「魔笛」も、ミスマッチ感が案外魅力的と言えなくもない。

第二幕の五重唱の最後に、

「ふとどきな女たちめ、地獄へ堕ちろ！」

という男声の裏コーラスがある。だが男声合唱団員のうち二人が舞台袖に到着してからずっと話し込んでいた。歌う個所が近づいてくる。話をやめない。みんなが歌い始める。二人は、ハッと気が付いて急いで歌おうとしたが……その時にはもうその瞬間的な裏コーラスは終わってしまっていた。二人は互いに顔を見合わせ、肩をすくめ、舌を出しながら楽屋に戻っていった。それを誰もとがめる風はなかった。ほう、これこそイタリア的現象。

イタリア時間

いくらなんでもスカラ座では〝イタリア時間〟はないのでは、と信じていたが見事に予想ははずれた。それでも練習開始時間に関しては思ったよりもきちんとしている。楽屋口の近くに名簿があり、到着した合唱団員は自分の名前の欄にサインを書き入れる。合唱音楽練習の開始が二時だとすると、合唱団事務局のフェルナンド・バイラーティ氏がその名簿を取り上げるのが二時ジャスト。それまでにサインをしていないと遅刻になる。この辺は厳密だ。

ところがバイラーティ氏が合唱練習室にその名簿を持って行って、合唱指揮者のカゾーニ氏に本日の出席状況を見せるまで練習は始まらない。バイラーティ氏のところには、その日病欠した人からの連絡が入っていたり、遅刻の情報が入っていたりするので、バイラーティ氏とカゾーニ氏がそのまま話し込んでしまうことも少なくない。団員たちはそれを知っているので、出勤してサインした後、各自楽屋の自分の机のところで一休みして、二時から二時五分くらいまでの間にゾロゾロと入ってくる。なんだかんだで、音が出るのが二時一〇分くらい。

休憩時間は実にイタリア的だ。立ち稽古や舞台稽古で休憩一〇分と告げられる。僕は、コーヒーを飲みたいと思ったが一〇分では無理だなあと思ってそのままそこで待っていた。でもみんな飲みに行く。劇場の外に出掛けていく者もいる。その後一三分くらい経った時点で館内放送が鳴る。

「Signore e signori! Pausa fine.」

このイタリア語は微妙だ。つまり「Pausa è finita.(休憩時間は終了しました)」という完了形ではなく、「休憩時間、終了」という名詞の羅列なのである。それを聞いてみんなは、そろそろ帰らなくちゃという感じで、のんびりとカフェを出てステージに向かい始める。そんなだから、一〇分と言われた休憩時間が終わって音が鳴るのはだいたい二〇分後。

それで思い出したことがある。昔、新国立劇場で立ち稽古をしていた時、

「では休憩二〇分!」

と演出家が言った。するとあるイタリア人歌手が、

「二〇分! 長すぎる!」

と文句を言った。演出助手があわてて、

「この劇場では、三時間の練習の場合、一〇分の休憩を二回とるか二〇分の休憩を一回とるか決まっています。今は稽古開始から一時間半近く経っているので二〇分取らないといけないのです」

と言って納得させた。そのイタリア人歌手はしぶしぶ練習場を出て行った。そして二〇分後、ドイツ人歌手や他の国の歌手たちはみんな戻ってきたのに、イタリア人歌手だけ戻ってこない。みんなあわてて劇場内を探しまくったがどこにもいない。すると三〇分以上経って悠然と向こうから歩いてきた。だからこういう場合、イタリア人歌手にだけは一〇分と言わないといけない（笑）。

恐いことがひとつある。一〇分休憩が実質二〇分くらいになるその遅れ方には、イタリア人共通の暗黙の了解というものがあるらしい。もし、休憩時間が終わって稽古再開となった時に居ないと、その人は「空気読めない者」としてかなり非難の対象になるのだ。みんなからの、

「何やってたんだ！　お前のお陰で稽古が遅れたら帰りがそれだけ遅くなるじゃないか」

という冷たい視線にさらされる。これはこれでストレスフルな社会だ。それだったら、一〇分と言ったら一〇分後にピタッと集まるドイツ人社会の方が僕にははるかに心地良い。

壊れる！

スカラ座のオケの中に日本人女性のヴァイオリニストがいるが、彼女が、

「この劇場のエレベーターって、毎日ひとつは故障しているわ」

と言っているのを聞いてしまって以来、恐くてエレベーターに乗れなくなった。ちょうど故障する瞬間に乗り合わせて、中に閉じ込められでもしたら大変だ。だから七階にある練習室に上がるのにも僕はなるべく階段を使うようにした。

たまにエレベーターに乗ろうとして、上の階用のボタンを押したら、あろうことか、ボタンがポロンと抜けて中に入り込んでしまった。ボタンがあった所には穴が空いて取り出せない。ということは、下には行けてもその階から上に行くことは絶対に出来ない状態になってしまった。

「ええっ、僕のせい？」

でも、誰もとがめる風もない。その後、誰もそれを直そうともせず、その状態が一週間くらい続いていた。みんな、壊れているのを確認してから黙々と階段を登るか、別のエレベーターの方に歩いていく。あんなに短気なイタリア人なのに、なんでこういう時

だけはおとなしいのだ。意味分からん！

練習室の前の廊下にあるカフェ・マシーンにお金を入れてもコーヒーが出て来ない。僕が返却ボタンをガチャガチャ押していたら、見ていた合唱団員が大きな声で笑いながら、

「またこの機械はお金を食べちゃった（mangiato）」

と言っている。

「どこに言ったらいいの？」

と訊くと、

「無理無理。運命だと思ってあきらめて！」

こんな時、絶対に業者にとって損になるようには壊れないなあ。一度くらい品物が出てきて止まらないとか、お釣りが出てきて止まらないという風に壊れて欲しい。壊れる話とは違うが、自動販売機で頭に来るのは、たとえば語学学校のカフェ・マシーン。

「この機械には、いくら入れてもいいですが、お釣りは出ません」

と書いてある。つまり手元に五ユーロ玉しかなくて、この機械にそれを入れたら、五

○チェンテージミ（一チェンテージモは一〇〇分の一ユーロ）のコーヒーがなんと五ユーロになるんだ。お釣りが出ないし、一〇杯分出るとかいう智恵もこの機械にはないのだ。

その他、数え上げればキリがない。だからこういうことに短気な人はイタリアには住めない。

「あははは！」と笑い飛ばしたり、「ま、いっか」と思ったり出来る人だけがイタリアに住めるのだ。

どうですか？　あなたは、イタリアに住めるタイプの人ですか？　それとも絶対に我慢出来ない人ですか？

二四時間体制の劇場システム

スカラ座は長い間改修工事をしていた。それによって事務局や練習室の間取りや配置もかなり変わったが、変更はもっと根本的なところから行われているようだ。現在、劇場は二四時間体制で動けるようになっている。たとえば夜の一一時過ぎにオペラの公演が終わってから、○時から六時という舞台スタッフたちのシフトがあって、夜通しかけて、公演の舞台の撤収が行われ、次の日の練習用の舞台が設置される。そうすることによって、照明家とそのスタッフたちは、新演目の初日に備えて朝早くから照明合わせなどが出来るし、午前中から午後にかけて舞台稽古も出来るわけだ。そして、驚くべきことに、その舞台稽古は一六時まで出来るようになっている。そして同じ日の二〇時からは、なんと別の演目の公演を行うことが可能なのだ。

ということはつまり、舞台スタッフは一六時から二〇時までの四時間の間に練習用の舞台を撤収し、公演用の舞台を飾らなければならないわけだ。照明器具とそれを操作する機器も、恐らくコンピューター制御で、練習用と公演用の二系統がパラレルで動かせる状態になっているものと思われる。

このスケジューリングを可能にするためには、そもそも全ての公演の舞台美術の簡素化が必要最低条件だ。つまり劇場は、契約する全ての演出家に対して、「当劇場は、それぞれ二時間で設営と撤去が可能な舞台美術でお願いします」と要求しているに違いない。この方針を貫くことが莫大な経費削減を意味するのは分かっているけれど、当然そのことによって、複雑で大がかりなセットが望めないのは残念な気がする。

舞台の単調さを避けるために、様々な工夫はされている。そのひとつに舞台背景のプロジェクター使用というのがある。これは、フランス人の芸術監督ステファーヌ・リスナー氏の強い意向だと何人かの関係者から聞いている。
「魔笛」や「トゥーランドット」、新作の「クァルテット」など、僕がここに来てから上演された大半の演目で静止画や動画のプロジェクターが使用されていた。ただ、「魔笛」などのメルヘンチックな作品は良いのだが、動画は気をつけないと安っぽくなってしまう危険性を孕んでいる。ライブの音楽に対して、すでにプログラミングされた動画では、フレキシブルに対応出来ないという欠点もある。個人的には、かえって何もない方が想像力が湧いていいなあ、と思うことも少なくなかった。この辺は評価の分かれるところかも知れない。

古くからいる合唱団員やオケマンたちは、改修工事が終わってから、昔よりずっと忙しくなったと言っている。公演の始まる四時間前まで次の演目のオケ付き舞台稽古などをやっているのだ。疲れ切った状態で公演を迎える可能性もある。ちなみに新国立劇場では、公演のある日に別の演目の練習をすることは決してない。

スカラ座は、オペラに関しては、基本的に月曜日が休みだ。これが日曜日に振り替わることもあるが、要するに、合唱団は週に一度は必ず休日がある。ところが、オーケストラは、その休日にスカラ・フィルハーモニー管弦楽団のコンサートをすることが多い。

このコンサートはとても人気があるが、スカラ・フィルを運営しているのはスカラ座管弦楽団とは全く別団体なので、この演奏会に参加することは楽員にとって義務ではない。だから労働組合が攻撃する余地もない。

とはいえ、団員の話では、実際にはなかなか断りにくいということと、月給の他に臨時収入としてふところに入るという二つの理由で、ほとんどの団員が参加するという。そのことによって、年間を通して休日が全然ないという事態も起こり得る。

うーん、この辺が狡猾というか、「能率的に」運営が行われている反面、経済最優先のとばっちりが様々な形でプレイヤーに来ているのでは、と危惧しないではいられない。ただこうも考えられる。今は世界中が不景気だ。イタリアも大きな危機を抱えていて、芸術全般に対しての助成金がどんどん削られている。このスカラ座でも数年前からストライキなどが頻繁に行われている。

そうした状況を鑑みるに、このような処置は、たとえば職員の給料を下げるとか、合唱団やオケの楽員の人数を削って解雇するといった直接的なダメージを与えずに劇場を運営する最良の方法なのかも知れない。

劇場が先見の明を持って、財政の困窮と経費削減問題を見越して、改修工事から始まり長期にわたって計画的にこうした処置を施してきたとすると、むしろこれは驚嘆に値するようにも思える。

火事場の馬鹿力

いつも思うけれど、スカラ座というのは、何の演目をやっても本番直前にならないと仕上がってこない。

僕がスカラ座に来てから二ヶ月以上経った六月三日金曜日。グノー作曲「ロメオとジュリエット」の公開ゲネプロが一九時からある。その前に一六時半から一七時半まで合唱練習室で練習があった。カゾーニ氏が三〇分ほど練習をつけると、それからマエストロのヤニック・ネゼ＝セガン氏が初めて現れた。二〇一二年に弱冠三七歳でフィラデルフィア管弦楽団の音楽監督になった新鋭である。

「こ、このタイミングで……」

と思った。だってゲネプロの日なんだよ。もう手遅れではないのか？　しかもマエストロの持ち時間はわずか三〇分。ところが彼の手際良い練習のお陰で、合唱団がどんどん良くなってくる。

さらに驚いたのは、この時のマエストロの指示を、ゲネプロで合唱団は全て守ったのだ。もの凄い集中力だ。どうして数日前まであんなにテレやっていたものがここまで急激に良くなるのか？　やっぱりこの合唱団には才能があるんだな。

オーケストラもそう。ゲネプロになったら別のオーケストラのようになっちゃった。ソリストたちもしかり。歌も演技も豹変して、フルヴォイスで歌い、体当たりの演技。あっけにとられるほど凄い名演に仕上がっている。全く開いた口がふさがらない。だったら、もっと最初からちゃんとやったら、とも思うが、これが国民性の違いか？

スカラ座のヴェルディ

やっぱりスカラ座ならヴェルディ！　そう思わされたのが、ヴェルディ初期のオペラ「アッティラ」の公演だ。

六月一日土曜日。オケ付き舞台稽古が一四時から一六時まで行われることになっていた。前回までで、とりあえずなんとか最後まで立ち稽古はついたが、合唱団はまだ何も整理されていないし、体にも慣れていない。

このタイミングでオケ付き稽古になってしまうのか？　合唱は当然のように随所でズレズレだし、音量的にも本来の実力の半分も出ていない。自信がないからフォルテでも踏み込んで出せないのだ。オケもズレズレのグダグダ。日本だったら、こんな状態でオケ付き舞台稽古なんか迎えたら、もう人生おしまいって感じ。

でもね、もうだまされませんよ。心配無用なんだ。きっと本番近くになってググッと急速に仕上がってくるのだろうから。

指揮者のニコラ・ルイゾッティはとてもいいと思う。一九六一年生まれのイタリア人で、ヴェルディの本道を行っている。単刀直入で、それでいながらニュアンスに溢れている。ひとつ驚いたのは、これまでにない独特のカンタービレ[*1]が突然オケから聞こえてきたこと。それが、ヴェルディの作風ととてもマッチしているのだ。あのヴェルディの幼稚とも言える単純なハーモニーとメロディー・ラインは、このように〝歌って〟こそ初めて生命を得るのだと言わんばかりに……。

真ん中に筋が一本ピシーッと通っていて、響きがいっぱい詰まったカンタービレ。小細工は一切しないが一本調子でもない。言葉ではとても表現出来ない。もしかしたら、これこそがミラノ・スカラ座管弦楽団の本当の財産なのかも知れない。世界中でスカラ座管弦楽団にしか出来ないカンタービレなのかも知れない。だとすれば、これを体験したことこそが今回の僕のミラノ滞在における最大の収穫に違いない。そう思ったら鳥肌が立って体が震えた。

ヴェルディを聴かないでは、スカラ座に来たとは言えないということか？　というか、ヴェルディって、イタリア人にとってはなんと大事な作曲家なのであろうか！　ヴェルディの偉大さが僕の上にのしかかってきた。

六月一六日木曜日。いよいよスカラ座における研修の最終日がやって来た。この日は一四時から一六時まで「アッティラ」のオケ付き舞台稽古。第二幕、第三幕が中心だ。その後、例によって舞台転換のために四時間ほど休憩があって、「ロメオとジュリエット」の公演。

予想した通り、ここにきて「アッティラ」のオケ付き舞台稽古は、実に良い感じに仕上がってきている。「アッティラ」は、ヴェルディ初期らしく、オーケストラの伴奏形はまさにズンチャカチャッチャッだが、これは恥ずかしがって控えめにやってはいけな

＊1　イタリア語の cantare は「歌う」という意味。カンタービレは、「歌うように」という意味で、メロディーの各音をなめらかにつないで歌心を持って演奏すること。

いのだと分かった。

「どうだ！」と言わんばかりに、ひとつひとつの音を決して抜かないでバリバリにやるのだ。聞いていてもちょっと恥ずかしい。だがこれぞイタリアン・サウンドだ。ひとりひとりの楽員の肌であり血なのだ。いやあ、まいりました！

ヴェルディは随所でユニゾンを使う。合唱もソリストもオケも、みんなでひとつのメロディーを演奏することはかなり恥ずかしいけれど、これも堂々とやるべし。劇場中にユニゾンが響き渡るその快感！　やはりスカラ座に来たからにはヴェルディを聴かなければ！　これこそスカラ座なのだ！　ああっ、日本に帰りたくない！　ここにずっといて、ヴェルディに浸っていたい！　そんな思いが溢れてきた。

ベルカントの殿堂

ベルカントと呼ばれる唱法には、広義におけるもの、狭義におけるもの、時代的なものなど様々な定義が存在するが、簡単に言ってしまうと、クラシック音楽の声楽における歌唱法を指す。

間違いなく言えることは、世界中で最も正統的なベルカントが聴かれるオペラ合唱団といったら、ミラノ・スカラ座合唱団をおいて他にない。それは、ベルカントそのものが、イタリアで生まれ、発展してきたものであるという事実と無関係ではない。

ミラノ滞在中に合唱団員たちといろいろ話す機会があった。その中で、一人のバリトン団員の発言に触れて、「これだ！」と思った。やや年配の彼は、かつてはイタリア各地の歌劇場で歌っていたソリストであった。

「ベルカントとは、声帯をふさわしく緊張させ、真っ直ぐ息を送り、そして……『言葉を歌う』ことなのだ。母音だけ出そうとするから、言葉が分からなくなる。言葉を歌うという意識を持って初めてベルカントは完成されるのだ」

名言だと思った。ベルカントは母音唱法が基本であるが、言葉を正しく発音し、歌詞の意味内容が聴衆に伝わって初めて目的を果たすのだ。そのためには、母音と子音との関わり方、及び子音を含むところの総合的な響きに留意し、テキストの持つニュアンスにまで踏み込むことを要求される。

彼の言葉を聞いてから、僕の中でベルカントに対する眼が開いた。それによって、日本に帰ってきてからの僕のイタリア・オペラの指導法はガラリと変わった。僕が自分から言うまでもなく、帰国後すぐの練習で、何人もの団員が休憩時間になる毎に駆け寄って来てくれたことが、それを証明している。

スカラ座合唱団の響きを聴いていて、ドイツよりも日本の合唱団に近いと思った。バイロイト音楽祭で祝祭合唱団と共に働いていた時に感じていたドイツ人と日本人の音色のギャップを、ミラノでは一度も感じたことがなかった。

イタリアの合唱団の方がドイツ人よりも響きが明るい。そして日本の合唱団もイタリア的明るさを持っている。その原因としては、イタリア人の体の大きさや骨格などが、ゲルマン系のドイツ人よりも日本人に近いからかも知れないし、それぞれの言語的特性の違いに由来しているのかも知れない。

僕はずっと悩んでいた。バイロイト祝祭合唱団の響きは深くて暗い。それがワーグナー合唱と不可分に結びついていると思われたので、僕は新国立劇場合唱団でワーグナー作品を指導する時も、なんとかしてバイロイトの響きに近づけようと努力していた。ところが最後の一線が越えられない。いろいろ試行錯誤してみた。

「もっともっと深く暗く！」

と、団員に対して発声的に不自然なことも試みた。でもどうしても無理だった。

ところがミラノに行ってから、その悩みが霧が晴れたようになくなってしまった。バイロイト祝祭合唱団の響きが、必ずしも日本人のドイツ・オペラにおける理想の響きではなくなったのだ。何故か？　それは、スカラ座合唱団のベルカント唱法のレベルがバイロイト祝祭合唱団のレベルより高いことに気が付いたからだ。

ベルカントは、その唱法の完成度故にインターナショナルなテクニックである。言い方を変えると、人種や民族を超えて高みに到達出来る普遍性を持ったメソードなのだ。だから日本人にも習得可能だ。それだけではない。実は、バイロイト祝祭合唱団のひとりひとりも同じようにベルカントをめざしているのである。それなのにスカラ座の響きのようにならないのは、まさにドイツ人だからだ。考えてみると当たり前のことなのだ。彼らは、別に意図的に響きを暗く作っているわけでもないのだ。

スカラ座のベルカントの完成度がバイロイト祝祭合唱団より高いのだったら、我々がめざすべきは、まずスカラ座合唱団ではないか。その上で、ドイツ語の発音や表現に留意して歌えばいいわけだ。なにも不自然に発声法を曲げてまでバイロイトに合わせる必要はないのだ。

そう思った僕は、日本に帰ってドイツ・オペラをやる時にも、まずベルカントで歌うように指導し始めた。するとみんなが喜んでついてくる。それは当然だ。これまでドイツ・オペラをやる度に発声に悪いことを強いられていたのに、今度はやればやるほど声楽的レベルが上がっていくのだ。

僕はびっくりした。これまであんなに努力したのに決して到達したことがないクォリティに一気に登り詰めてしまったのだ。こうなると、後は仕上げのわずかな方向転換だけでいい。ドイツ語にマッチするように母音の色を調整し、言語的ニュアンスを指導していったら、何のことはない、今までの中で最もバイロイト祝祭合唱団の響きに近くなった。同時に、ここまでが日本人の限界だと分かったことも自分にとっては重要。後はもう骨格を変えるしか方法がないのだ。

こんな風に、ミラノでのベルカントの研究の影響は、ドイツ・オペラの指導方法にまで及んでいる。それを教えてくれたスカラ座合唱団には、どんなに感謝の言葉を捧げても足りない。

やはりスカラ座はベルカントの殿堂であり、全世界にその規範を提示し続けているのだ。

Viva! Teatro alla Scala!（スカラ座万歳！）

第９章　熱い北京の夏――日中アイーダ

二〇一二年七月二四日火曜日。僕は珍しく緊張していた。日中国交正常化四〇周年を記念して、日中合同制作による「アイーダ」が東京と北京とで上演されることになっていた。東京公演は、広上淳一指揮、東京フィルハーモニー交響楽団、北京では張国勇《チャンクオヨン》指揮、中国国家大劇院管弦楽団によって演奏される。ソリストたちは日本人と中国人の半々。そして合唱は、我らが新国立劇場合唱団五〇人プラス国家大劇院合唱団五〇人の合計一〇〇人。

この日は、東京公演に向けて、その合同合唱の音楽練習を僕がつけなければならなかった。中国国家大劇院の合唱団のメンバーが入ってきた。あれれれれ？　随分若いな。それに、男性も女性も、とてもエレガントでファッショナブルで、話に聞くと、ここの合唱団は結成されてからまだ二年半くらいしか経っていないそうである。しかも合唱団員の平均年齢は、なんと二五歳だということだ。

練習が始まった。国家大劇院合唱団だけで歌わせてみて驚いた。声のクォリティがもの凄く高い。若いということもあるのだろう、声が豊かなだけでなく、ピアノからフォルテまで全ての表情が可能な高度なテクニックを身につけている。

ただ音楽的成熟度は必ずしも高いとはいえない。音楽をフレーズで捉えていく感覚が希薄だし、全体の音楽作りも荒削りだ。たとえば、このような表現の時には、どのような音色で全体を統一するか、そのためには、具体的にどのように体や喉を使ってどのように息を送るか、といった繊細な表現のための細かいテクニックがまだ欠けている。

中国北京の天安門広場の西側に2007年9月に完成した国家大劇院

でも若くて柔軟な感性を持つ彼らは、僕の容赦ない要求にどんどんついてくる。約三時間の練習後、見事な変貌を遂げて、たちまち第一級のコーラスに仕上がってしまった。さてそうなると、あせるのは我々日本人側。

「まだまだ表現が雑ねえ」

などと安心している間に、どんどん追いつかれてしまった。もともとブリリアントな響きでは彼らに負けている。特に男性のバスの深い声や、トップ・テノールの高音の輝かしさなど、残念ながら我々がどう努力してもかなわない大陸的な声に、あらためて現在の中国音楽界のレベルの高さに驚く。

練習中は双方とも張り合いムキになるので、

「そんなに力んで頑張りすぎないように」

と僕に注意されることもしばしばだった両国合唱団員であるが、練習が終わるとむしろ共通の目的を持ってつながっている者同士、すぐ仲良くなってしまう。休憩時間にたちまちあちらこちらで交流が始まる。新宿近辺のうまい店を教えたり、ファッションの話をしたり……。

合唱指揮者の黄小曼《ホワンシャオマン》さんは、

「この練習は彼らにとって凄い刺激になっていると思います。彼らは若いのでまだ何も知りませんから、どんどん教えてやって下さい。どんどん吸収しますから」と言ってくれた。ありがたいお言葉だ。

七月二七日金曜日は、新国立劇場にて演奏会形式による公演。アイーダ役の和慧《ホーフィ》の圧倒的な歌唱をはじめ、日中両国からの第一級の声の饗宴は、すでに日本とか中国とかを越えて、世界中のどの歌劇場でも聴けないほどのレベルだった。観客は沸き立ち、ブラボーの嵐であった。さて次は、我々が北京に乗り込んでいく番だ。

ため息の出るような北京の夏

目眩がするような熱気と湿気。遠くのビルが霞んで見えるほどの砂埃。広大な道路に溢れる車やバイクや自転車。いつもどこかで鳴り響いているクラクションの音。喧嘩しているのかと思うほど大きな人々のしゃべり声。街全体に漂っている言いようのないにおい。北京の八月は想像をはるかに超えて強烈だった。

道路は真夜中をのぞいては一日中渋滞している。何車線あるのか分からない広い道路を車が勝手に車線変更する。よく日本で、前の車ギリギリにつけて走る意地悪ドライバーがいるが、この街ではほぼ全員が悪気もなくそうしている。バスも、「あっ、ぶつかる！」と思うほど前の車に接近して急ブレーキをかける。実に心臓に悪い。

街は全てが広大である。地図を見て、「ああ、一〇分もあれば着くな」と思う所が三〇分もかかる――ということは、どうやら北京という街は信じられないくらいでっかいらしい。

繁華街を闊歩する若い女の子たちにはなかなかの美人や可愛い子が多い。でも、この国では基本的にノーメイクだ。その点では韓国とは大違い。それに、ストッキングをはいている人はほとんどいない。ミニスカートやホットパンツが多いので、ノーメイク＆生足にかえって新鮮なエロチシズムを感じてしまう。

大きな道路に面している建物は、どれも超現代建築で立派であるが、そこから一本路地を入ってみると……ちょっと恐いようなレトロな街並みがすぐに顔を出す。お兄さんたちは上半身裸でいたりするし、小さい女の子が道端で道路に絵を描いて遊んでいる。うーん、これは昭和の風景だ。なんというなつかしさ！

真のコラボレーションを実現するために

北京の国家大劇院は、天安門のすぐ近くにある円形の建物だ。銀色に光っていてまるでUFOのように見える。この国はとにかくなんでも大きいが、この劇場も巨大で、内部に入ると中は迷路のようになっている。一度迷子になるともう永久に出て来られず、一〇〇年後に白骨死体で発見されるのではないかと心配になる。

通訳の人が言う。

「国家大劇院の合唱団のメンバーは、東京で受けた三澤先生の指導にとても刺激を受けました。到着したら真っ先にその想いを伝えて下さいとみんなに言われました！」

僕たち一同は日本で公演して以来熱い絆で結ばれていた。だから中国公演も同じようにスムーズに事が運ぶと楽観していた。でも、僕たちはあまりにもオプティミストだった。予想とは裏腹に、両国間の劇場システムの違いや、民族性あるいは習慣の違いからくる様々な障害に突き当たり、僕たちは、このような異民族同士のコラボレーションの難しさを嫌と言うほど痛感することとなった。

誰が仕切るんだろう、この舞台？

すでに東京にいた時から、北京では、演奏会形式とはいっても簡単な舞台セットがあり、ちょっとした演出のようなものがつくということを聞いてはいた。しかしながら、スケジュールがそのように組まれていなかったことに僕は不安を感じていた。

舞台美術を設計した人はとても若い美術家だ。僕たちが北京に着いたその日の記者発表の時に、スライドを使ってコンセプトを得意になって説明していた。でも彼の説明を聞けば聞くほど僕は心配になっていった。舞台セットは美しいが、オペラ的には完全にシロウトの発想である。アクティング・エリアの作り方が決定的にまずいし、入退場口が極端に狭く、たとえば、合唱団を登場させるのに間違いなく三分以上かかってしまうであろう。

また、そのセットを使って円滑に練習を進めるためには、相当優秀な演出家と舞台監督の存在が不可欠だ。しかし、そういう人は記者発表に名乗り出てはこなかった。僕はますます不安になった。

「これでは下手をすると、合唱団は、一度入ったら最後、ずっと立ちっぱなしで歌うことになってしまうぞ」

と心配で仕方なくなった。残念ながら、その不安は的中することとなる。

次の日。僕たちは午後三時半くらいに劇場に着き、舞台を見に行った。驚いたことに、舞台セットはまだ出来上がっていないどころか、搬入したばかりでガランとしていて、組み立て始めたところであった。

練習予定は、前の日に変更になっていた。スケジュールを心配することはなかった。この国では誰でも全日拘束しておき、好きな時に意のままに変更可能なのだ。

16:00　舞台監督から舞台のコンセプト説明。
18:30　舞台上での場当たり。
20:00-22:30　オケ付き舞台稽古（実質ゲネプロ）。

となった。午後一〇時半という終了時間もびっくり仰天であるが、休憩を入れて二時間半しかない練習時間では、もうほとんど通すしか方法がない。舞台上で何か問題が起こったら、もう時間をオーバーしてしまう。

一六時になり、舞台監督による演出のコンセプト説明があった。演出家というのはどうやらいないらしくて、舞台の全てを仕切るのはこの舞台監督だという。年配の人で、なんだかとても偉そうにしている。

でもこの人、舞台模型を使って説明を始めたけれど、模型の壁を逆向きに置いている。僕は、前の日に美術家のスライドを見ているから分かっているけど、これでは機能しない。その他、全ての説明はチンプンカンプン。分かったことは、要するにこの人は全く頼りにならないということだ。

一八時半になった。まだ舞台が出来上がっていないというので待たされる。大丈夫かなあと思っていると、通訳の人が胸を張って言う。

「大丈夫です。中国人の土壇場の力は凄いのです！」

「……」

一五分くらい遅れて、

「舞台が出来ました！」

と言うので、行ってみると、まだ床が合板のままむきだしになっている。

「まさか、このまま本番をやるわけないよね」

と言うと、

「勿論、カーペットを敷き詰めます」

という返事が返ってくる。

「いや、だからさ。それだったら、本当はもうカーペットを敷いていないと駄目なんだってば。今日が実質ゲネプロなんだから。カーペットが滑ったりして本番に思わぬ事故が起きないとも限らないじゃないか」

と言っても、誰も相手にしてくれない。実際僕は、本番のカーテンコールで舞台上に走り込んだ時に、カーペットで滑ってあわや転びそうになったのだ。

先ほどの舞台監督が仕切って、場当たりが始まった。舞台全体は後方が高くなるようかなり傾斜がある。舞台面は上から見るとロの形をしており、真ん中はポッカリ空いていて、そこにオケが入る。オケの部分は傾斜がないので、オケ後方の壁は数メートル切り立っている。この断崖のてっぺんに男声合唱が立たせられた。僕も行ってみたが立っているだけで恐い。それに、そもそも男性が立つスペースが狭くギュウギュウ状態。後ろから誰かがちょっと押しただけで簡単に落ちるし、数メートル下にはティンパニーなどの打楽器が並んでいる。怪我しないでは済まないし楽器が壊れることも必至だ。

「危なすぎる！　最前列に柵を作ってくれ！」

と誰ともなく言い始める。すると若い舞台美術家が、

「舞台の美観が損なわれる！」

と言って怒っている。

「馬鹿野郎、美観よりも命の方が大事なんだよ！　ふざけんじゃねえぞ！　そんなんじ

や歌わねえぞ！」って感じで、抗議の大合唱が始まった。こうなると、どっちの声がでかいかだな。それより、そもそもこうなるまでに、誰かが、「このセットではヤバイ！」と気付かなかったか？　それとも、気が付いても言えなかったか？　この舞台美術家はどんだけ偉いんだ？　みんな凄く気を遣っているけれど、彼にものを言える権限のある人はこの劇場にはいないのか？　さんざんモメた末、とにかく手すりだけは作ってもらうことになった。

一方、第一幕第二場で初めて登場する女声合唱は、両サイドの壁にある入り口から入場するが、一人ずつしか出入り出来ないほど狭い。せめて両袖が開いていれば、曲の間でも入退場が自由なのに……。

舞台は急勾配で、とても椅子のようなものは置けない。つまり合唱団は一度入ったらずっと立ちっぱなしを余儀なくされるということだ。男性用の登場口は舞台後方中央から左右に分かれた階段だが、どういうわけか異常に狭い。しかもここにも手すりがなくて危ないのでつけさせた。なんでこんな効率の悪い舞台を作ったのか！

さて、音楽付き場当たりをしなければならない。ピアニストが用意され、僕が指揮をすることになった。まず男声合唱登場のタイミングを計らなければならないと思ってい

たら、例の威張った舞台監督が、

「○×ページからやってくれ！」

と言っている。

「ええっ？　ここって合唱の登場とかに全然関係ない所じゃないか。こんな所歌わせたって何の意味もないだろう？」

と言っても、とにかくこのセットで音を聴きたいのだと言い張っている。僕がグズグズしていたら、彼の機嫌がどんどん悪くなってきたので、仕方ないから言われる通りにやる。それで、男声合唱、女声合唱、そして混声合唱の名場面ばかり三個所を歌わせた。するど、あろうことか、

「はい、お疲れ様。場当たり終了！」

と舞台監督は言ったのである！

「はあっ？？？？」

僕は目が点になった。気が付いたら僕は通訳を介して猛烈に抗議していた。相手には喧嘩腰に映っただろう。

「せめて入場と退場の練習だけはしないとマズいでしょう。女性は狭い両サイドの入り口から入ってくるので、順番をきちんと決めないと混乱が起きます。男性も、センター

から分かれるので、誰をセンターに決めるか仕切らないとダメでしょう」

って、なんで僕にそれを言わせるかね。あんた舞台監督でしょう。

「よろしい、入退場の練習はしてもいい」

してもいいじゃねえよう！

「音楽に合わせた入りの練習をするので仕切って下さいよ」

と言ったら、彼はブスッとしてこう答えた。

「男性は、入りを変更する。曲の始まる前にオケと一緒に入場するように。それから終わるまでずっとそこにいるように」

おいおい、話が違うぞ！　冒頭からずっと舞台上で立ちっぱなしか？　これでは合唱団の男性による暴動が起きるぞ。この舞台監督、僕がさっきからいろいろ楯突いているので、嫌がらせしているのか？　それともやけっぱちになってしまったか？

でも意外なことに、合唱団員たちは、先ほどの階段や手すりのやり取りでもう疲れ果てて、文句を言う気力もなくなっている。

「もう、面倒くさいからいいですよ。立ちますよ。この薄暗くて急な階段を急いで登り降りしろと言われるのも嫌だし……」

ええ？　いいの？　そ、そんな気の毒な……。一方、国家大劇院合唱団の人たちは、いつものことという感じでおとなしく従っている。

結局、舞台セットがあったって、何の意味もないではないか。合唱団が最初から立ったままでは、東京公演の時のように椅子を置いて演奏会形式にした方がずっとマシではないか。ソリストだって、演出があるといったってこんな舞台ではろくに動けやしない。それどころか、指揮者に背を向けて立つように指定されている。当然のことながら、ソリストには指揮者が全く見えない。

「モニター・テレビがないと全然ダメだ！」

と僕も含めてソリストたちみんなでガンガン言う。すると後からモニターが来た。この国では、事前に誰もそういうことを心配する人がいない代わりに、強く言うと後からしぶしぶ出てくる。ガンガン言った者勝ちかあ。モニターは客席の後ろの高い所と、舞台の前面両サイドに設置された。素晴らしいモニターだよ。やるじゃん。中国！

優秀な若者たち

大事なことに気が付いた。見ていると、若い舞台スタッフたちは、実に優秀なのだ。細かい問題がいっぱい起こっている中で、いつも彼らは、僕たちの要求にいち早く気が

ハヤカワ文庫の最新刊

●表示の価格は税別本体価格です。
＊価格は変更になる場合があります。
＊発売日は地域によって変わる場合があります。

9
2016

●新刊の電子書籍配信中

ebマークがついた作品はKindle、楽天kobo、Reader™ Store、hontoなどで配信されます。配信日は毎月15日と末日です。

SF2088
宇宙英雄ローダン・シリーズ528
プシオン性迷宮
エーヴェルス＆フォルツ／渡辺広佐訳

搭載艦《アイノ・ウワノク》に到着したローダンは、行方不明者たちの捜索にのりだす！
本体660円
［絶賛発売中］

SF2089
宇宙英雄ローダン・シリーズ529
難船者たち
フランシス＆マール／若松宣子訳

銀河間の虚空にあるマークスのルックアウト・ステーションを襲った種族の正体とは？
本体660円
［21日発売］

SF2090
〈氷と炎の歌5〉文庫版3カ月連続刊行
竜との舞踏（上）
ジョージ・R・R・マーティン／酒井昭伸訳

eb9月

死中に活を求める男たちは、三頭の竜と女王デナーリスが君臨するミーリーンをめざす
本体1600円
［絶賛発売中］

NF

——意識は傍観者である

デイヴィッド・イーグルマン／大田直子訳

eb

異の脳の仕組を解明　本体980円

［絶賛発売中］

NF476

マザー・テレサの心を揺さぶった至言の書

それでもなお、人を愛しなさい

人生の意味を見つけるための逆説の10カ条

ケント・M・キース／大内 博訳

世界中の人々を勇気づける珠玉の人生訓「逆説の10カ条」の提唱者がその真髄を明かす！　本体600円

［絶賛発売中］

NF477

市川右近氏、推薦！

オペラ座のお仕事

——世界最高の舞台をつくる

三澤洋史

eb9月

オペラ座の合唱指揮者が、個性的なスターたちとの秘話や波瀾万丈な舞台裏を楽しく綴る　本体700円

［21日発売］

凛々しい物語。ハヤカワ文庫の100冊

全国主要書店にてフェア開催中

作品募集中

第七回 アガサ・クリスティー賞

出でよ、〝21世紀のクリスティー〟

締切り2017年1月末日

第五回 ハヤカワSFコンテスト

求む、世界へはばたく新たな才能

締切り2017年3月末日

●詳細は早川書房公式ホームページをご覧下さい。

シリーズ最新作＆二次創作集、同時刊行

マルドゥック・アノニマス2

冲方丁

eb9月

新勢力〈クインテット〉への潜入捜査を開始したウフコック。それは犯罪を見逃さなければならない、究極の苦痛に満ちたものだった。

本体740円［21日発売］
ハヤカワ文庫JA1245

マルドゥック・ストーリーズ

公式二次創作集

冲方丁・早川書房編集部編

eb9月

二次創作による新人賞「冲方塾」の応募作から、マルドゥック・シリーズを題材にした優秀作品を精選。著者による書き下ろし短篇も収録。

本体740円［21日発売］
ハヤカワ文庫JA1246

話題作『繁栄』と対を成す、圧巻の科学解説

進化は万能である

人類・テクノロジー・宇宙の未来

マット・リドレー／大田直子・鍛原多恵子・柴田裕之・吉田三知世訳

eb9月

生き物はもとより文化や経済、人間性さえ、進化の見えざる手が一番良い結果を生むのだ。気鋭の進化生物学者による世界の「説明書」

四六判上製　本体2700円［21日発売］

FTベストビジネス書最終候補作

誰が音楽をタダにした？

——巨大産業をぶっ潰した男たち

eb9月

田舎の工場で発売前のCDを盗んでいた労働者、mp3を発明した技術者、業界を牛耳る大手レーベルのCEO。音楽産業を没落させた張本人たちの強欲と悪知恵、才能と友情の物語。

付いている。あるいは、僕たちが文句を言う前に、もうどんな問題が起こっているか、あるいはこのままいくとどんな状態に陥るか分かっている。だから対応が早い。これは驚くべきことである。合唱団の入退場のことも、表で舞台監督がグズグズしている間に、舞台裏で彼らが合唱団を並ばせ、仕切ってくれたのである。

ただし彼らには限界があるのだ。上に立つ人からの指示がない限り、彼らとて勝手な行動は許されないのである。指示待ち状態でいる彼らが僕は気の毒になった。

逆の見方をすると、僕たちが要求を出せば彼らは動けるのだと気が付いた。もしかしたら、彼らにとって今日は案外ハッピーな日なのかも知れない。その証拠に、僕たちがクレームを出す度に、彼らはまるでそれを待ち構えていたかのように生き生きと行動しているのである。

それでも、このコラボは成功なのだ

このように、僕たち日本人はしばしば容赦なく要求を突きつけた。中国側のスタッフは、僕たちのことを、なんて嫌な連中だと思っていたかも知れない。自分たちはいつもこのやり方でやってきて問題なかったのにどこが悪いのだと怒っている人もいたかも知れない。

でも、僕たちだって何でもかんでも文句を言ったわけではない。合唱団が冒頭から第二幕の終わりまで、微動だにしないで起立して歌うということすら従ったのだよ。

それでも、あえて要求を出したポイントは、劇場をきちんと運営するために最低限必要な事柄ばかりなのだ。もし、これらのことを怠って公演を続けていながら世界レベルの成熟した劇場になろうと思っても絶対不可能だ。それどころか、このままやっていたら、いつ舞台上で大きな事故が起きても不思議はない。大規模な舞台になるほど、周到な準備と、全てを把握し全体を統括する指揮系統が健全に機能していないと危険なのだ。

分かって欲しいが、僕は中国の劇場の状態を批判するためにこのことを書いているのではない。そうではなくて、僕が言いたいことは、だからこそ、このコラボレーションには意味があったのだということである。僕たちは、より良い舞台を作るために真摯に取り組み、最善を尽くした。信じられないことがいっぱい起こったけれど、誰もあきらめなかったし、誰も自暴自棄になったりしなかった。合唱団員たちも、よく文句も言わずにやってくれた。

一方、中国側からしてみると、瞬間瞬間では、喧嘩を売られているように思えたかも知れない。でも、彼らもよく耐えて対応してくれた。彼らにすれば最大限の忍耐だったと思う。また、初日までこぎ着けた背景には、先ほども述べた若い世代の台頭があることは確実だ。彼らが、全てを理解してくれ、すばやく対応してくれたからこそ、それぞれの要求が必要以上の大問題に発展する前に解決出来た。彼らは実際いろんなところに留学していて、外の世界をよく知っているのだと、後で関係者に聞いた。

未来に希望があるとすると彼らの存在なのだ。でも、ひとつの問題——これが実は最も深刻なのだろうが——は、彼らの才能を充分に生かすシステムがないことである。それは、現代の日本社会でだって完全には達成されていないことかも知れないが……。

ハオー！

北京における八月三日及び五日の公演は圧倒的な成功を収めた。海外でも広く活動している指揮者の張国勇氏は、オペラのことを隅々まで知っている素晴らしいマエストロだ。それにプラスして、本番になるととても情熱的で緊張感溢れる演奏を行い、演奏者も聴衆も興奮の渦に巻き込んでいった。

国家大劇院管弦楽団は、合唱団と同じく全員がかなり若いが、技術的にはとても優秀で大健闘していた。ただ、ちょっと残念なのは、弦楽器を中心として洗練された音色に欠けること——これには楽器の問題が立ちはだかっているのは明らかだ。良い楽器を手に入れ、その楽器によってしか得られない様々なテクニックを学ぶことが、もう一皮むけるためには必要だ。

ソリストたちは、日本公演と同じように素晴らしい歌唱。特にアムネリス役の清水華澄さんの名演が光った。聴きながら思ったけれど、指揮者、オーケストラ、合唱、ソリストによるこの演奏全体は、もうアジアとかなんだとかいうレベルではない。これをそのままヨーロッパに持って行っても、間違いなくトップクラスであることに疑いはない。

僕は確信した。

「これからは、アジアの時代だ！」

終演後のカーテンコールでは、日本やヨーロッパのブラボー・コールの代わりに、ジャニーズのコンサートかと思うほど可愛い黄色い声の声援が飛ぶ。「ワーーーーッ！」という感じの歓声に会場が包まれるのだ。勿論ブラボーも聞こえる。指笛を鳴らす者もいる。それに混じってあっちこっちから、

「ハオー！」

という歓声がひときわ際立つ。

ハオとは、你好《ニーハオ》（こんにちは）のハオで「好」と書き、京劇などではブラボーの意味でみんなが叫ぶのだという。ここはまさに中国なんだね。

不思議だ。合唱指揮者として関わっただけなのに、いつもより達成感がある。それに、本当のことを言うと、終わったという感じよりも、何かが始まった——あるいは何かの胎動が聞こえるような気がした。

「私たちの合唱団にまた練習をつけて下さい」

という国家大劇院合唱団団長の言葉が、耳に残っている。

こうして僕は意気揚々として帰国した。北京に滞在している間に、国家大劇院合唱団の何人かのメンバーの声を聴く機会があった。彼らのレベルは、日本においては、合唱団のメンバーどころか、ソリストとして立派に通用すると思った。その彼らが、新国立劇場合唱団のオーディションを受けて日本で働きたいという意向を表明してきた。今回のプロジェクトが、次の新たな地平に向けて具体的な一歩を踏み出そうとしているのを感じて、僕は身を引き締めた。

ところが、そこに例の尖閣諸島の問題が起こってしまった。日中関係は一挙に悪化し、その後の日中国交正常化四〇周年行事も中止された。友好への様々な可能性は突然閉ざされてしまったのだ。

本当に残念だ！　僕たちは、とても仲良くなれたのに――。そして個人レベルでなら、これからだって、いくらでも仲良くなれるのに――。

「アジアはひとつ」

こう自然に信じられたのに……。

砂漠が水を吸い込んでいくように、大きく開いた瞳を輝かせながら僕の指導を吸収していった彼らの姿が今でも目に浮かぶ。人と人を隔てる垣根なんて本当はないのさ。特に音楽の前には。

今はただ時間が解決してくれるのを祈るのみだ。でも、また必ず一緒に素晴らしい音楽を奏でよう！

愛する仲間たちよ！

第4部　指揮者のお仕事

第10章　僕を育ててくれた指揮者たち

　ここからは、指揮者という職業について書こうと思う。指揮者というのは、大人数の音楽家を束ねて率いるリーダー。当然ながら音楽的にも人間的にも多くのものを求められる。僕が往年のマエストロたちから学んだことや、理想とする指揮者像について考えてみたい。

「めざすべきもの」を示す山田一雄先生

　話は学生時代に戻る。国立音楽大学声楽科をなんとか卒業出来そうな目途がついたある日、僕はかねてから胸に抱いていた計画を実行に移す。僕は調べていた住所を頼りに一軒一軒家を探す。なかなか見つからない。

「ふうっ、もう無理かなあ」

と思ってため息をつきながらふと見ると、なんと目の前に山田という表札が見えた。ドキッとする。まさか……。

呼び鈴を鳴らすと、ハッとするほど美しい女性が輝くような純白の和服を着て出てきた。

「あのう……山田一雄[*1]先生のお宅ですか？」

「そうですけど……」

「あの……何のつてもないし、約束もしていないのに、いきなり押しかけて大変申し訳ありませんが、僕は三澤と言います。国立音楽大学を卒業したばかりで指揮者をめざしています。山田先生をかねてから尊敬していて、どうしても師事したくて、こうして住所を頼りにやって来ました」

和服の女性は、びっくりしてちょっと沈黙していたが、

＊1　一九一二年生まれ、一九九一年没。朝比奈隆氏とならんで、我が国の音楽界を支えた指揮者。本名和男。度々名前を変え、夏精《かせい》を経て一九六八年に一雄と改名して落ち着いた。作曲家としても有名。

「主人はただいま出掛けております」

と言う。うわあ！　「主人」ということは、こんな若くてきれいなのに奥さんかあ！

「明日、電話をかけてみて下さい。あなたのことは話しておきますから」

その日は、それで帰ってきた。それにしても指揮者の奥さんって凄いな、いつも家の中であんなにきれいな和服を着ているのか、と思った。ずっと後になってその話をすると、奥さんが笑いながら言った。

「あの時は主人が賞をもらって、その授賞式に出掛ける直前だったの。いつも家で和服なんてとんでもない！」

こうして、ピアノの相良先生の時のように、いきなり自宅に押しかけていって、無理矢理山田一雄先生の弟子になった。僕がベートーヴェンの交響曲を山田先生の元で習いたいと電話で言うと、先生は、

「では、とりあえず第一番の第一楽章を持っていらっしゃい」

と言ってくれた。その最初のレッスンは生涯忘れない。

「なんだねその振り方は、およそ指揮なんていうものではないね」

と、ケチョンケチョンにけなされた。

「第一、君は僕の指揮法の本を読んでないね」

「いえ、読んでます！」

「読んでない！　だったら四拍子を振ってごらん」

僕が四拍子の図形を振ると、三拍目で止めて、

「ほら、そこがいけない！」

と言う。「なんで？」と思っていると、

「こうやるんだよ。見ていなさい」

と言って、自分でやって見せてくれた。

驚いたのは、三拍目になると先生は腕だけではなくて右側の膝を内側に曲げて右足だけつま先立ちになり、かかとがキュインと上がる。それにともなって三拍目と四拍目の間に不思議な曲線が出来るのだ。なあるほど、教則本の不可解な曲線の意味がこれで分かった。

びっくりしている場合ではない。やらなければ。でも、そんな内股の格好なんて恥ずかしくて出来ない！　ぐずぐずしていると、

「何やってるんだね！　早くやりなさい！」

「は、はい！」

その時は従った。でもそれ以後今日に至るまで、先生には申し訳ないのだが、あの三拍目だけはどうしても真似出来ない。逆にその格好をすると、それはそのまま山田先生の物真似になる。誰かの前でやって見せると山田先生のことを知っている人はみんな必ず笑うから、余興のネタには良い。

「今度僕の演奏会がある。リハーサルを見せてあげるから来なさい」

何度目かのレッスンの時に先生は言った。僕は天にも昇る気持ちで練習場に行く。それは東京フィルハーモニー交響楽団によるチャイコフスキー作曲交響曲第五番のリハだった。僕は先生の真後ろに座って練習を見せてもらった。

のっけからびっくりした。山田先生はいつもレッスンの中で僕に、

「君の指揮の身振りは大きすぎる！　指揮者というものは聴衆に自分の足の裏を見せてはいけないのだ」

と力説していたが、先生は冒頭から足の裏見せまくりで、まるで檻の中で興奮した猿のように暴れている。

休み時間、僕は恐る恐る言う。

「あのう……先生も結構動かれるんですね……」

「ばかもの！」

「ひっ！」

「君とは全然違うのだ！ 君は最初から意味もなく動くが、『動いてはいけない動いてはいけない』と自分に言い聞かせ続けても、それでも自分の内面から音楽が溢れ出てきて、とめどもなく溢れ出てきて、自分で自分を抑えきれなくなる時だけ動いてよろしい」

「はあ……」

「というより、動いてしまうんだよなあ……」

と遠くを見つめて言う。こんな時の山田先生は自分で自分の言葉に酔っている。究極のナルシスト。でも、それにしては最初のクラリネット二本の導入部からもう暴れまくっていたような気がするが――。ま、いっか、これ以上言うと、何を言われたか分かったもんじゃない。

このように指揮台で激しく動きまくる山田先生は、〝邪魔だカズオ〟とオーケストラの楽員たちに呼ばれていた。確かに先生の棒には分かりにくいところがあり、オケを合わせるどころか、山田先生の迷走によってオケがぐちゃぐちゃになることも少なくなかった。それどころか、僕は実際には見ていないのだが、よく本番中に自分がどの個所を振っているのか分からなくなって、コンサート・マスターなどに向かって聴衆にも聞こえる声で、

「今どこ？　今どこ？」

と訊ねることすらあったという。

では、山田先生は何故分かりにくく振ったのだろう？　本当は指揮者として駄目だったのではないだろうか？　こんな疑問が湧いてくる。僕は、今この歳になって冷静に「山田一雄とはどんな指揮者だったのか」を振り返ってみた。

今でも鮮やかに蘇るのは、ベートーヴェンの交響曲第一番で最初にフォルテになる個所の棒の動きを見せてもらった時だ。

「こうやって振るんだ。見ていなさい」

と言い、目の前で先生が振ってくれた。目が釘付けになった。なんと、オーケストラの〝響き〟が、先生の動きの中からはっきりと感じられたのだ！

フォルテならば大きく、ピアノならば小さくと、一般的な指揮法は教える。でも、指揮は音量の大きさだけを示すのではない。どっしりと重量感のあるフォルテもあれば、

硬く突き刺さるようなフォルテもある。反対にやさしく響きで包み込むようなフォルテもあるのだ。そこまで指揮者は表現するのだと思い知らされた一瞬であった。ああ、これこそが指揮というものなのかと、胸に込み上げるものがあった。その後のレッスンでも、先生は様々な〝表情〟を僕に教えてくれた。

また、山田先生は、僕の指揮の動きを見ただけで、僕が頭の中でどういう音をイメージして振っているかを全て読み取る恐るべき能力を持っていた。

「ちょっと止めて！　今の君の動きにはホルンの音が入ってないね」

あわててスコアを見る。あ、ホントだ！　みんな暗譜していたと思っていたのに、ホルンの音はイメージ出来ていなかった。でも、どうして分かるんだろう？　ホルンは和音を支えているだけで特別な動きはしていないのに……。

「テンポを取るのが指揮者の仕事ではない！」

と先生は常々言っていた。

「音楽を君から発信するのだ。君の指揮の動きの中に、自分のイメージする音楽を込めるのだ」

こうしたレッスン風景が次々と蘇ってくる。それらを記憶の中で継ぎ合わせながら、はっと気が付いたことがある。僕が今日に至るまで、指揮をしながら一番求めているものや、その後出遭って強く惹かれた指揮者たちが必ず持っていたもの、それらの原型を僕は山田先生の棒の中に見出していたのである。さらに言えば、僕はそれを山田先生から初めて教わったのではなく、自分の中に潜在的に持っていたのだ。だからこそ、どんな時でもオケに分かりやすくクリアに振る沢山の指揮者をさしおいて、僕は山田先生に師事したのである。

それは何か？　ひとことで言えば、〝音〟である。僕にとって指揮者とは、自分の音を作り出す芸術家なのだ。何のほころびもない演奏をすることが第一の目的ではない。自分で一音も出すことがなくても、めざすべき〝音〟を示せるのが本物の指揮者であり、究極のリーダーなのである。

オケの自主性を引き出す若杉弘先生

この人からは本当にいろんなことを教わった。僕が指揮者として仕事をし始め、特に二期会*2を中心としてオペラの世界で活動し始めてからの実践の場での師といったら、若杉弘*3さんをおいて他にいない。

一九八六年、二期会公演のワーグナー「ワルキューレ」で若杉さんの元で副指揮者を務めた。そのオーケストラ練習に立ち会った時の印象は鮮烈だった。その頃の指揮界は、世界に羽ばたく小澤征爾さんを筆頭にして齋藤秀雄指揮メソード全盛期であった。齋藤[*4]メソードの技法としての完成度の高さに疑問をはさむ人はいない。けれど、そのメソー

＊2　一九五二年結成の声楽家団体。

＊3　一九三五年生まれ、二〇〇九年没。小澤征爾氏と同世代の指揮者。日本人には珍しくオペラの指揮を得意とし、ドイツにおいてライン・ドイツ・オペラ音楽総監督など各都市の劇場の要職を歴任。二〇〇七年から新国立劇場オペラ部門芸術監督に就任したが、二〇一〇年までの任期を満了することなく他界してしまった。

＊4　一九〇二年生まれ、一九七四年没。チェロ奏者、指揮者、教育者として活躍したが、彼の名を有名にした最大の功績は、齋藤メソードと呼ばれる指揮法の確立であろう。指揮の運動に法則性を見出し、これをメソード化して教える方法は画期的であり、著書である『指揮法教程』が音楽之友社から一九五六年に出版されると瞬く間に売れたといわれる。
　彼の門下からは、小澤征爾をはじめとして、秋山和慶、井上道義、尾高忠明など数え切れないほどの指揮者が出ている。有名なサイトウ・キネン・オーケストラは、齋藤氏の名前にちなんで小澤征爾などが中心となり、世界中で活躍するかつての齋藤氏の弟子たちを集めて創り上げられたオーケストラ。

ドで習った桐朋学園系の指揮者たちは、バトン・テクニックは確かに素晴らしいが、みんな「棒に合わせて下さい」と言うばかりで、曲の内面深くまで踏み込める人は多くはなかった。中には、練習の時には演奏を止めないで棒で全てを表現し、なるべく早くオケ練習を終わらせることに命を賭けている人もいた。

その反対に若杉氏は、オーケストラを止めることも厭わなかったし、必要とあらばしっかり時間をかけて楽員に言葉でいろいろ説明をしていた。それを喜ぶ楽員と嫌がる楽員とが半々くらいの割合でいた。

合わせるのが困難な個所にさしかかると、通常の指揮者だと、今こそバトン・テクニックの見せ所とばかりに華麗なる棒さばきを披露するのだが、若杉氏は平然と、

「それではヴィオラ以下の弦楽器とホルンだけお願いします」

と言って演奏させた後、こう言う。

「ほら、これが伴奏形なのです。これらの人たちは中でお互い合わせてね。それで、メロディーを演奏するヴァイオリンとフルートは、この伴奏の上に乗って自由に音楽的に演奏して下さいね。あまり真面目に棒なんか見なくていいから」

指揮者が「棒を見なくていい」と言うとは一体どういうことだ？　僕は驚いてしまっ

た。でも次に音楽が始まると、伴奏に乗ってメロディーがとても表情豊かに歌っているではないか！　一方、伴奏部を受け持っている声部は、メロディーの〝ゆらぎ〟に合わせて実に柔軟に伴奏をしている。

なあるほど。万能に見える指揮者といえども、旋律と伴奏を同じ動きで振るなんて出来ないのだ。音楽の一番おいしい部分は、指揮者が作るのではなく、奏者同士が感じ合い、聴き合って演奏するしかない。過度な棒への依存は音楽を硬直させるだけなんだ！

こうして、オーケストラのみんなが自分の役割を理解し、自分と合わせるべき奏者と直接互いに合わせ、生き生きとして有機的な演奏を行うことが出来るようになった。だから若杉さんの演奏には、いつもふくよかなフレージングが息づいている。

まさに「目からうろこ」とはこのことであった。あの大人数のオーケストラといえどもアンサンブルなのだ。指揮者が指揮者であることを超えて、本当の音楽家であったなら、オーケストラが内部で極上のアンサンブルを作り上げるための手助けをするべきなのだ。でも、指揮者はどうしても自分がうまく振ってオーケストラを合わせることにこだわってしまう。それが指揮者の煩悩だ。その煩悩から解脱して初めて本当の指揮者となるのだ。

「凄く勉強になります。僕はああいうやり方がとても好きです」

と僕は休憩時間に若杉さんに言いに行った。こんなチンピラ副指揮者の言うことなど歯牙にもかけないと思っていたけれど、僕はあまりに感動したので言わずにはいられなかったのだ。そうしたら意外と子供のように喜んでくれた。

「いやあ嬉しいなあ。同業者に言われると、ことのほか嬉しい！」

彼のアプローチは、当時まだ日本のオケの中に浸透しているとは言えなかった。人が向いている方向と逆のことを行う者は孤独だ。特に指揮者というのは孤独の代名詞みたいなものだ。だから若造の僕の言葉でも嬉しかったのかなと今では思っている。


それからだ、若杉さんが好んで僕を副指揮者として使ってくれるようになったのは。

思い出すのは、若杉さんが芸術監督を務めていた滋賀県立芸術劇場びわ湖ホールで、僕が専任指揮者としてアシスタントをさせてもらった時代。よく琵琶湖ホテルのバーに連れて行ってもらった。若杉さんはウィスキーを好んで飲んでいた。僕がビールばかり飲んでいるので、よくこう言われた。

「三澤君、こちらに来たら山崎のウィスキーを飲まなくっちゃ。ソーダ割りが悪酔いしなくていい。一緒に注文するから飲みなさい」

あの頃、僕はまだウィスキーの味がよく分からなかった。でも今は結構飲む。しかも必ずソーダ割り。何故か若杉さんが亡くなってから、あの頃を思い出しながら飲み始め、そのうちにどんどん好きになってきたのだ。

いつか僕もあちら側に行って若杉さんに会ったら、真っ先に言おうと思う。

「僕もウィスキーのソーダ割りが好きになりましたよ」

そうして一緒に酌み交わしたい。でも山崎は天国にあるかなあ。

第11章　世界の巨匠たち、そして理想の指揮者とは？

はじめに断っておくが、僕は評論家ではない。ということは、僕はこの本で、指揮者についていわゆる〝客観的〟な批評というか価値付けをしなければならない義務は負っていない。

自分も日々演奏行為に携わる一人の演奏家として、僕は自分の心に強く響く指揮者たちから影響を受け、その人たちを尊敬し、真似をし、彼らのめざすものを自分も追い求めてきた。山田一雄先生しかり、若杉弘氏しかりである。それは逆の言い方をすれば、僕の到達したい目標から圏外となっている指揮者は、たとえ一般的に認められている人であっても、全く僕の興味の対象外ということもあるのだ。

そのことをご理解いただいたうえで、僕が大きな影響を受けた二人の世界的な巨匠について、そして自分の理想とする指揮者像について述べようと思う。

プロ級のアスリートだったカラヤン

やはりヘルベルト・フォン・カラヤンのことを書かないわけにはいかない。何故なら今日に至るまで僕が最も影響を受けている人であるからだ。この人の指揮の技術については、アプローチするのが難しそうに見えるが、それを解く鍵さえ手に入れればスルスルっと理解出来る。その鍵とは、〝アスリートとしてのフォーム〟である。

カラヤンはスポーツ万能であった。特にスキーはプロ級であった。彼はスイスのサンモリッツに別荘を構えていたが、それはスキーをするためである。また彼は、毎日水泳をしたいという理由だけで、ベルリンで宿泊する時は、プールを彼に提供してくれるケンピンスキー・ホテルと決めていた。

晩年に健康を害するまで、カラヤンは、毎朝六時から六時一五分の間に起床して、八時一五分までヨガをし、それから三〇分泳いでいたという。ベルリン・フィルの演奏会があると、必ずその後に、筋肉をほぐすために医師の定めたプログラムに従って泳いでから就寝したとも伝えられる。即座にビールに口をつける僕とは大違いである。要するに、彼は自分の日常生活の中に、我々が想像する以上にスポーツを取り入れていたのである。彼の音楽的発想が、アスリート的なものから導き出されていたとしても不思議はないのだ。

実は最近僕も、スキーと水泳を先生について習っている。この二つのスポーツほど、指揮者としてのあり方に深く影響を与えるものはない。直接の指揮運動に関係しているのは水泳である。水の中を掻いていく腕の運動は、レガートの表現をなめらかにする。また、水の中では自分が起こしたアクションがワンクッション遅れて返ってくる。これが、指揮者が起こしたアクションとオケの反応との時間差に慣れる良いエクササイズとなっている。

多くの指揮者の卵が、教室で理論としての指揮法を習ってから実際にオケの前に立った時に、意表を突く時間差に面食らう。拍を叩いたのにオケは鳴らず、腕が上がってしまってからオケの響きが来る。驚いてそれに合わせると、オケはさらにどんどん遅くなって、しまいには止まってしまう。腕はどんどん先に振っていかなければならないけれど、あまり先に行き過ぎてもいけない。

このタイムラグと指揮者は付き合っていかなければならない。打点[*1]以後の上がってしまった手でオケの響きをどう受け止めるのかということは、どの指揮者にとっても心の重荷になっている。しかしながら、実はこの打点後の動きに、指揮における重大な秘密が隠されている。この時間差の間に〝ある動き〟をすることによって、オケの〝響き〟を操ることが出来るのだ。このことを意識的に知覚している指揮者は少ない。しかしカラヤンはそれに精通している。

カラヤンは、オケの機能美を極限まで追求した人だ。あの独特の艶っぽいベルリン・フィル・サウンドを作り出したのは、カラヤン自身の比類なき音色へのこだわりに他ならない。そしてそれは彼の指揮技法と一体となっている。彼は、サウンドを操る技法を彼の打点後の動きに凝縮した。その技法は文章では説明出来ない。まあ、早い話、カラヤンのDVDで僕たちが見る通りの動きなのであるが……。

一番分かりやすいヒントを強いて挙げるとすれば、それは、クロールのストロークの運動にある。もっとはっきり言うと、腕の内側で水をキャッチする感覚にある。勿論ク

＊1　指揮者が拍を示すために空中に打つ点。ゆっくりな曲だと、それは点としては見えにくいが、通過点としての打点は、必ず何らかの形で演奏者に認識させなくてはならない。

ロールが出来なくともその動きを習得することは出来る。ただ、この動きとオケから出てくる実際の響きとの相関関係を実感することは、教室のレッスンでは決して出来ない。実際にオケを目の前にして経験を積んでいく他はない。

それに、元来響きへのイメージがない人や、自分のサウンドを構築したいという強烈な欲求を内に持たない人には、この動きを習得することは永久に不可能であろう。僕から見てそういう指揮者は少なくないが、もともと欲求がないから別に習得しなくていいのか。反対に僕は、オケからどうしたら意図したサウンドを引き出せるのかということを常に考えていたから、カラヤンの動きの中からそれを発見したのだ。

一方、スキーは、運動の中心がむしろ下半身にあるので、腕の動きに直接関係するものではないかも知れないが、音楽のあらゆる面でのバランス感覚に大きな影響を与えている。

スキーは、水泳やジョギングのように自分の筋肉で進むわけではない代わりに、重力、遠心力、慣性の法則など、滑走が体にもたらす様々な物理的力を受け止める筋力と柔軟な感性が要求される。加えて、ゲレンデの形状や斜度、あるいは雪質などの外的要素にも対応しなければならない。そこで最も大切にされるものとは姿勢である。スキーはフォームこそが命である。

カラヤンの指揮におけるフォームは理想的である。彼の姿勢に猫背という言葉は無縁だ。上体を前傾させることはあるが、背骨が曲がったのを見たことがない。これには、恐らくスキーの他にヨガの美学が関係しているものと思われる。つまり背筋を伸ばすことによって、下から上がってきた〝気〟が途切れることなく、彼の両腕と胸のあたりに大きな磁場が形成されるのだ。

ベルリン・フィルハーモニー・ホールで、オケの真後ろにある合唱席を客に開放したポディウムという安い席からカラヤンの指揮ぶりを見ていた僕は、実際にカラヤンのもの凄い〝気〟をいつも感じていた。彼は、その〝気〟でもって、たとえフォルティッシモの個所でさえ、極小の動きで最大限の効果を上げることに挑戦しているかのようであった。それは、植芝盛平の合気道の境地に近い。

仮にアンサンブルが乱れても、彼の指揮ぶりが乱れることは決してなかった。スキーでも、ミスをした時にフォームが乱れると、ますますバランスを失って、下手をすると転倒にまで至ってしまう。そんな時こそ冷静にフォームを保ちながらリカヴァリーに専念するべきなのだ。

面白いのは、目をつぶって瞑想的に振っているように見えるカラヤンであるが、誰かが入り損ねたりアンサンブルが乱れたりすると、一瞬片目だけ開ける。それが可愛い。
「なんだ、瞑想していたわけではないのか」
と思った。彼は演奏中常に理性を失わず、実は恐ろしいほど冷静である。瞑想などしていない。気を集めているだけだ。

このように運動力学の観点から見た場合、カラヤンの指揮は、実にアスリート的である。トップ・アスリートのフォームは美しい。しかし、それは元来人に見せるためのものではない。安定性や効率を考え、ベストタイムに導くために無駄をどんどん削ぎ落としていった結果、それがひとつのフォームに結集したのである。つまりは機能美である。そして、一度そのフォームを築き上げたら、もうそのアスリートは、いきあたりばったりでフォームを変えることなどしない。

確立されたフォームは分析することが出来る。ただ、相手がトップ・アスリートだとしたら、理論上は理解出来ても誰しもが追体験するわけにはいかない。そのためには最低限のフィジカルな素養が必要なのである。

鍛え抜かれたカラヤンの肉体から構築された彼のフォームにアプローチするために、僕は水泳とスキーを必要とした。ベルリン留学時代に研究し尽くしたと思っていた、カラヤンの動きの秘密の最後の何パーセントかを解明出来たのはごく最近だ。カラヤンのようなタイプの音楽家を理解するためには、CDを何百枚聴いてもDVDをいくら観ていても駄目なのだ。

スキーは、ターンに始まりターンに終わると言われる。いかに美しいターンを作り、次のターンにつなげていくかが、たとえば我が国のスキー技術選手権大会などに見られる基礎スキーのポイントである。

スキーをする音楽家は、恐らく誰しもがターンに音楽的フレーズを重ねて考えているだろう。加重や抜重には、音圧やダイナミズムを重ね合わせるだろう。僕は、カラヤンがスキーをしている姿は見たことがないけれど、見なくても彼のフレージングを聴けば、どんな滑りをしていたのかは手に取るように分かる。

整地でターンをし終わって、次のターンに入った途端、急に厳しい荒れ地の中に入ってしまったとしても、カラヤンならば、前のターンとの整合性を決して失わずに、スマートにターンを仕上げるに違いない。彼の演奏では、音楽的フレージングは常に重なり合っているのだから。

彼は、ゲレンデの頂上から滑り降りる時まで、全てのターンをつなげ、そこにひとつのストーリーを作り上げていたであろう。そして、ある地点にクライマックスを設定すると、そのために「このあたりでは体力を温存しながらリラックスしよう」、「このあたりからクライマックスに向かっていってベストタイムに導こう」というように計画を立てていたに違いない。

カラヤンの演奏における楽曲の構築性にも、アスリートとしての一貫性が明らかに感じられる。彼は、時には作曲家の書き記したダイナミックスに逆らってでも、楽曲中のクライマックスを自分で必ず定める。そして、そこを中心に扇状に全てのフレーズのあり方を決定する。どんな小曲であっても、彼は最大限の効果を得られるように曲を構成し直す。だから、彼の演奏は小曲であっても説得力を持っているのである。それは、ベストタイムをねらうアルペン・スキーヤーの発想からきているのだ。

こんなに自分をコントロール出来るストイックな指揮者は世界に二人といない。通常の音楽家はもっと気紛れで、指揮の仕方もいきあたりばったりだ。ただ、その結果出て来たカラヤンの音楽の全てに僕が賛同しているかというと、残念ながらそうはいかない。

カラヤンは自分の武器である音色を愛しすぎている。それは、チャイコフスキーの交響曲のように、豊饒で華麗なる世界を表現するものはいいとして、たとえばブラームスの交響曲第四番の第二楽章など、さびれた孤独感が心に染み入ってきて欲しいのに、あの妙にゴージャスな音響が台無しにしている。

DVDになっている一九八二年のベルリン・フィル創立一〇〇周年記念コンサートのベートーヴェンの英雄交響曲では、僕はフィルハーモニー・ホールで生演奏を聴いていたが、木管楽器が倍管[*2]になっていて、巨大なうわばみのようであった。そして、ブラームス同様やっぱり第二楽章が好きになれない。カラヤンの場合、いつもこういう曲がちょっとだけ速いのだ。その「ちょっと」が許せないんだなあ。英雄の死を悼む真摯な心がこれっぽっちも伝わってこない。そしてまた、あの艶っぽいサウンド！　いらないんだってば！

こんな具合に、僕は、カラヤンから指揮のテクニックだけ大尊敬していて盗んでいるが、カラヤンの作り出した音楽には、賛同出来ない部分も少なくないのだ。ここまで読

＊2　規定の二倍の人数に増やすこと。

んでくれたみなさん、ごめんなさいね。同業者というのは、こんなシビアな見方をしてしまうものなんだよ。

自分がいいとこ取り出来ればそれでいいのだ。

しかし最後にとても大事なことを述べてみたい。それは、カラヤンの棒の下で演奏することは決して窮屈ではなかったと、当時のベルリン・フィルの楽員たちが口を揃えて語っている事実である。むしろ彼の振り方は、オーケストラのメンバーの自発性を促し、オケが彼の元で自由なアンサンブルをしているという気にさせたという。しかもそれでいて、全てカラヤンの意図通りに音楽が運んでいったとすれば、これこそ指揮者の理想ではないか！

カルロス・クライバーの魔法

自分が指揮をする演奏会の当日、出掛ける前に時間がある場合、僕はよく、当日演奏する曲ではなく、カルロス・クライバー[*3]のベートーヴェンの第四交響曲か第七交響曲のDVDを観る。そして元気をもらってから家を出る。そうすると演奏会の最中にインスピレーションがどんどん湧いてきて、演奏会が必ずうまくいく。

残念なことに、僕はクライバーの生演奏を一度も見ていない。ベルリン留学時代に、ベルリン・フィルを振りに来ることになっていて、とても楽しみにしていたが、その直前にウィーン・フィルの演奏会をキャンセルしたクライバーは、そのままベルリンの演奏会もキャンセルしてしまった。

後で話に聞くと、ウィーン・フィルでベートーヴェンの第四交響曲の第二楽章の練習中、指揮しながらクライバーが、ベートーヴェンの永遠の恋人といわれるテレーゼ・フォン・ブルンスヴィック伯爵令嬢に想いを寄せて、

「テレーゼ……テレーゼ……」

とつぶやいていたところ、楽員の一人がクスッと笑ったらしい。その瞬間、クライバーはキレて、そのまま練習を放り出して帰ってしまい、行方不明になってしまった。その一週間後、スイスの片田舎で発見されたという。本当か嘘か知らないが、クライバー

＊3　一九三〇年生まれ、二〇〇四年没。ドイツ出身。著名なオケや歌劇場に登場するも、音楽監督などのポストに就くことを拒んだ。

ならさもありなんと思わせるところが凄い。

クライバーの振り方は、おいそれと真似するわけにはいかない。何故なら、彼の棒は、指揮者なしでもアンサンブルが出来る一流のオケを前提として成り立っているからである。真似をするとしたら、まずそれが可能な媒体を身近に持っていないといけない。

クライバーは、練習ではかなりきちんと分かりやすく振っているらしいが、そこで作り上げた音楽を演奏会でまた一から棒で指し示すような野暮なことはやらない。

「みなまで言わすな！」

というわけである。

実際の演奏会での彼の指揮ぶりは、棒を小さくブルブルと震わせるだけだったりするけれど、この動きに音楽のエッセンスが詰まっている。彼は、すでに出来上がった料理の上に最後のスパイスを振りかけている。しかしながら、そのスパイスは極上のものであり、練習で作り上げた音楽がまさに魔法の空間へと変わる一瞬である。

指揮法とは本来、どんなオケを相手にしてもきちんと合わさせ、自分のやりたい音楽を実現させるためのテクニックであるが、どんな完璧なメソードであっても、このテクニックの次元に留まっている限り最上の演奏は望めないと、クライバーの棒は僕たちに教えてくれている。

アマチュアのオケばかり振っていると、棒も二流に留まってしまうとよく言われる。一流のオケには、一流の芸術家たちを納得させるような高次元の棒が必要なのだ。棒は、テンポを取るものなんかじゃない。一度動き出したら、オケが自分でビートを紡ぎ出していくべきだし、それが出来ないならば、出来るようにオケを教育しなければならない。至れり尽くせりの棒だと、いつまで経ってもオムツが取れないのだ。

オケが一人歩き出来るようになったら、その時こそ、棒とオケとの〝大人の付き合い〟の始まりなのだ。棒は、お散歩用の犬のリードから、妖精の魔法の杖へと変身する。カトリック教会のミサの中では、祭壇に捧げられたパンと葡萄酒がキリストの体と血に変容する〝聖変化〟という瞬間があるが、クライバーのような指揮者が振ると、演奏中に聖変化が起きて、ただのワインが本当にキリストの血になるのだ。

しかしながらクライバーの指揮の運動性は、カラヤンのように確固たるフォームを持っているものではないので、決して解明出来ないし追体験も出来ない。だからクライバーはいつも孤高の存在として雲の上に留まっている。

いつもクライバーの指揮を見ると、僕は演奏会の中に魔物が棲むことを実感出来るし、その魔物を意図的に呼び出すことが自分でも出来るのだと確信を持つことが出来る。でもその具体的な方法を模索する時、クライバーの映像は何の参考にもならない。

まあ、当たり前のことだ。自分のイメージは自分にしか描けず、自分の音楽は自分にしか出来ないのだ。だから僕は、クライバーの棒から元気だけもらおう。

マイルスのこと

さて、最後に僕がコメントするのは指揮者についてではない。ジャズ・トランペッターのマイルス・デイヴィスについて是非書かせてもらいたいのだ。何故なら、彼こそ理想的なリーダーの素質を完璧に備えている人材だからである。マイルスは、僕にとって、あらゆる音楽ジャンルを超えて最も尊敬する人物だ。

マイルスのトランペッターとしての才能について書きたい気持ちが猛烈にあるが、それだけでゆうに一冊の本が出来てしまう。なにせ僕はモウモウ楽団の編曲をやっていた中学生の頃から、もう四五年もマイルスを聴き続けているのだ。だがここは、それを書く場ではないので、別の機会に譲ろう。それより、彼のバンドマスターとしての力量について書くべきなのだ。

ジャズという音楽は、本来は個人プレイの集合である。みんなでテーマを演奏するが、それからアドリブに入ると、各自がそれぞれ技巧と音楽性を駆使してなるべくイカしたプレイをしようとやっきになる。だから演奏の評価は全て個人の資質に帰する。

ところがマイルスは、そこにグループ全体の関係を持ち込んだ。それまで個人芸一辺倒だった世界に、インタラクティヴなアンサンブルを取り入れたのである。マイルスのアドリブは、それだけ見るととても不完全である。彼はよくフレーズの途中まで演奏して、突然止めてしまう。すると、そこに生まれた空白を埋めようと、ピアノやベースやドラムがリアクションする。それを再び受け取って、マイルスはプレイを続ける。バンド全体がもの凄い密度でインタラクティヴなやり取りを繰り返す。そうして生まれたトータルな空間性をマイルスは大切にしている。そう、マイルスの音楽には、沈黙という究極の音楽と、その沈黙を拒否して音というパワーで塗り固めようとするエネルギーとの壮絶なる戦いがある。

実に細かいサジェスチョンをマイルスは各奏者に出す。「リラクシン」というアルバ

ムでは、美しいメロディーで前奏を弾き始めたレッド・ガーランドのピアノを口笛を吹いて止め、

「和音のかたまりでやるんだ」

とひとことだけ言う。レッドは考える。そして全く違うイントロを出した時、それに乗って吹き始めるマイルスのミュート・プレイの素晴らしさといったら！　このように彼は、自分の言ったことに対して即座に結果を出して見せる。

サックス奏者のウェイン・ショーターはこう言っている。

「マイルスと一緒に仕事をするようになって、演奏スタイルは『爆発的な瞬間』へと移っていきました。まさに、演奏中に、私たちが存在すると思わなかったものが『本当に存在するのだ』と、単なる感情の次元ではなく生命の次元で悟るような瞬間でした。それは、つかみどころがないもので、全身全霊でとらえなければなりませんでした」

（『ジャズと仏法、そして人生を語る』毎日新聞社刊）

恐らく、マイルスの忠告には、正解もあらかじめ用意した結論もない。でも、彼は間違いなくプレイヤーから何かを導き出していく。どうやら独特の嗅覚があるようだ。マイルスの下では、それぞれが自分で自分を超えることが出来る。

みんなマイルスから離れた後、自分のバンドを作り、各々やりたい音楽をやっていく

が、振り返ってみると、マイルスと一緒にいた時が一番輝いていた。何故かというと、マイルスという求心力があったからである。それは稀有なる求心力だ。

僕の他にこれまで誰も語ってはいないけれど、僕にひとつ強く感じられることがある。それは、マイルスは、周りのプレイヤーがそれぞれ自分自身を超えるのみならず、マイルス自身をも超えるほど成長しないと満足出来なかったのではないかということだ。マイルスの中には嫉妬という感情はなかったような気がする。彼は逆に、メンバーたちがそれぞれ自分にとって尊敬出来る境地にまでならないと許さなかったように見える。だとしたら、なんとシビアな教師だろう！　そしてマイルスは、そうして否応なしに成長させられたサイドメンたちと、よりエキサイティングなプレイを重ねていきながら、自らをもより高めていったのである。それがマイルスの喜びなのである。

そんな謙虚で無私なるリーダーって世の中に本当にいるのだろうか？　普通は周りを自分よりちょっとだけ無能なままで置いておいて、自分がお山の大将になって威張りたいのではないだろうか。でもそれでは、ジョン・コルトレーンも、ハービー・ハンコックも、キース・ジャレットも、ジョン・マクラフリンも生まれようがないのである。彼らがどうして後々まであんなにマイルスに尊敬の念を持ち続けていられるのか、その理由も決して解明出来ないのである。

もう読者にはお分かりであろう。僕にとって理想的な指揮者というのは、マイルスのような存在なのだ。一緒にやっているプレイヤーが自分を超えるのを喜ぶという大きな人格には一体どうしたらなれるのか？　もっともっと音楽そのものを愛したら、自他の区別がなくなって、自分であれ他人であれ、そこで響く美しい音楽のみに意識が集中するようになれるのか？

マイルスのことを考えると、たとえば、

「自分の棒でみんなを従えて自分のやりたい音楽をやって良い気持ち」

なんていうのがとってもみみっちいことのように思われてならない。そんなのは指揮屋であって指揮者ではない。ましてや人を動かして結果を出すリーダーでもない。

この本では、オペラ座やオーケストラという組織で仕事することについて書いてきた。確かに特殊な部分もあるけれど、世の中の様々な組織と共通点も多い。僕自身は、そういった組織の中でリーダーの役目を果たすこともあれば、リーダーを支える立場になることもある。

音楽家たちと共に現場で仕事してきて思うのは、究極のリーダーとは、全てのエゴイスティックな気持ちを捨て、人を生かし、人を認め、人を敬うことのみ喜ぶことの出来る人格だということだ。そうすれば、自分の下でみんなが自分で自分を超えられる。そして自分自身もそれにつられて。

しかしながら……そんな境地に、自分は果たして生きているうちに到達出来るのだろうか？

仙人にでもならなければ無理だ！

エピローグ――つながる縁

二〇〇五年、新国立劇場シーズン幕開けの「ニュルンベルクのマイスタージンガー」公演の指揮者としてシュテファン・アントン・レックが来日した。シュテファンは、ベルリン芸術大学指揮科で僕の後輩にあたる。

彼は、新国立劇場では二度目の来日。すでにベルク作曲「ルル」を指揮している。でも「ルル」には合唱がないし、その時の僕は、いろんなことに追われて忙しかった。勿論、最初に会った時はお互い再会を喜び、劇場内ではよく顔を合わせたけれど、残念ながらあまり接点が持てなかったのだ。しかし、今回は合唱がたっぷりある「マイスタージンガー」だ。僕たちは、立ち稽古の間ずっと一緒に居て、いろんな話をした。

彼とは不思議な縁を感じる。一九九五年だったと思うが、僕の家族は夏休みにヨーロッパを旅行した。その旅のメインは、南フランスの聖地ルルドへの巡礼であった。幼い無学の少女ベルナデッタの前に聖マリアが出現し、土を掘るように命じた。するとそこから奇蹟の泉が湧き出で、病者を癒やしたという。

そのルルドの広場で人がごったがえす中、なんとシュテファンとばったり出遭ったのである。ベルリン芸大を卒業してから一〇年以上経っており、ちょっとでも距離が離れていたら、お互い全く気が付かなかったであろう。第一、ベルリンの街角とかだったら分かるけど、ルルドだよ。こんな世界の片隅で全く正面から出くわすなんて――。

「何者かの力が働いているね。ルルドの時も、そして俺たちがここにいることも……」

シュテファンはそう言って微笑んだ。「マイスタージンガー」初日が明けてから数日後のヒルトンホテルのレストラン。

「ヒロ、覚えてる？　君が卒業試験でベルリン交響楽団のチャイコフスキーの交響曲第五番を振った時ね、その前曲で俺がリストのピアノ協奏曲を振ったこと」

と、いきなり真顔になる。

「あ、そうだったね。忘れていたけど、思い出したよ」

「その時、振り終わった俺に、君は何か言ったんだ。ね、覚えてる？」

「ううん、全く覚えてない」

「えっ、覚えてないの？」

「ワリいけど全然覚えてないよ。何言ったんだ僕？」

「なんだよ、覚えてないのかよ。俺はね、君のその言葉、片時も忘れたことはなかったんだぜ」

「ゲ、何か変なこと言ったのか？　すまんすまん……」

「そうじゃないよ、もうヒロったら、変なことじゃないんだよ。君はね、俺の顔をしっかり見てこう言ったんだ。『シュテファン、僕は断言するけど君は良い指揮者だ』ってね。あの頃、俺はまだベルリン芸大に入って一年目だったし、まだ何も分からないのに、君はレッスンで、ストラヴィンスキーの『春の祭典』なんかを暗譜で振っていたろう。俺にとっては夢のような先輩だった。その先輩が自分のことをそんな風に言ってくれたんだ。お互い、ライバル意識こそあれ、お世辞を言ったりする義務も何もないのに、君はそう言ってくれたんだよ。そのひとことがどんなに自分に勇気を与えてくれたか、君に分かるかい？」

「……」

「俺は、君が卒業していなくなってから一年も経たないうちに、トスカニーニ・コンクールで一位になってしまった。それが良かったのか悪かったのか今もってよく分からない。とにかくそれを機会に機関銃のようにいろんな仕事が舞い込んできたんだ。本当は、自分がまだなんにも分かっていないペーペーだって、自分で知っていた。もっといろんなことを学ばなければいけない時期だったし、勉強したかったのに、目の前にある仕事をこなさなくてはならなかった。辛かった。俺には荷が重すぎた。それで……」

「それで……？」

「俺は病気になった。もう終わりだと思った。二年間くらい全ての活動をストップした」

「……」

「そんな時でもね、君の言葉が俺の支えだった。君の言葉を俺は片時も忘れたことはなかったんだ」

「……」

「それから俺は、三五歳にもなってから、アッバード[*1]のアシスタントとなった。どこか

＊1　クラウディオ・アッバード。一九三三年イタリア生まれ。一九九〇年から一二年間、ベルリン・フィルの芸術監督を務めた。胃がんとの闘いの末、二〇一四年一月にこの世を去った。

の劇場の指揮者になるわけでもなく、三〇代半ばにして一から出直しだった。そうして俺はここにいる。そして君と二人で一緒に素晴らしい舞台を作り上げた。あこがれの先輩と一緒に。俺がどんなに嬉しいか分かるかい？」

「聖地ルルドで偶然出遭った時は？」

「あの時こそ一番苦しい時代だった。父親がパーキンソン病で、その治療も兼ねて来ていた。自分の将来に対する不安もあって聖地を訪ねた。そこで君に会ったんだ。あれは偶然なんかじゃないね。その時も、俺は即座に君のあの時の言葉を思い出したんだよ」

人の言葉というのは重いんだね。僕の言葉が彼にとってそんなに心の支えになっていたとは知らなかった。僕は覚えてはいなかったけれど、当時他の同僚にそんなことを言った覚えもないから、その時は、彼に対して本当に「こいつは良い指揮者だ」と思ったに違いない。彼としても、僕が本気で言ったと感じたからこそ、心に刻み込んでいたのだろう。そうした人への影響力を考えると、いつも真実に感じ、真実に語り、真実に生きていくべきなんだなと、身を引き締めた。

シュテファンの楽屋に行くと、いつも部屋を真っ暗にして瞑想している。実にスピリチュアルな奴だ。彼の「マイスタージンガー」は、対位法的な各声部がクリアでバランス感覚に満ち、速めのテンポだが歌心もある。後輩だからということではなく、客観的に見ても本当に良い指揮者になったのが感じられて、僕は我がことのように嬉しい。

「『マイスタージンガー』全曲って振ったことあるか？」

「ない」

「その晩は興奮して一睡も出来ない。だから次の日は抜け殻のよう。その次の日になってやっと人間らしくなる」

指揮者って大変だなあ、とあらためて思った。おっと、自分も指揮者だ。

次の公演の後、シュテファンと二人で、かつてのベルリン芸術大指揮科クラスのラーベンシュタイン教授と、オペラ・コレペティ法[*2]及びスコア・リーディング[*3]のヴォルフ教授に電話した。東京は午後一〇時過ぎ、ドイツは午後三時過ぎで、一番外出していそうな時間なのに、二人とも偶然に家にいた。

ヴォルフ教授は心臓が悪かったので、学生たちの誰もが、彼はもうあまり長くないと思いこんでいた。だから僕も、彼はもうとっくに他界していたと思っていた。

「とんでもない！　ヴォルフは、あの後心臓の大手術をしてバイパスを作り、前よりいっそう元気になって、つい最近までドイツ国内だけでなくあっちこっち飛び回って指揮していた。それに彼は、俺が指揮するところはどこでも来てくれたんだ。ヴェネツィア歌劇場で指揮をした時だって、わざわざヴェネツィアまで来てくれたんだよ」

電話の向こうで、シュテファンが東京で「マイスタージンガー」を振ったことにヴォルフ氏は本当にびっくりしていた。

「もっと早く分かっていたら日本まで行ったんだが……」

嘘ばっかり！　とも思ったが、シュテファンの話を聞く限り、あながち冗談とも言えなかった。

そのヴォルフ氏と、僕の直接の指揮の先生ラーベンシュタイン氏は、二人とも退官してからもとても仲良しなんだそうだ。

僕とシュテファンの心は電話をしながら学生時代に舞い戻っていた。ラーベンシュタイン氏もヴォルフ氏もものすごく喜んでくれた。二人とも、当時と全く同じ声で、全く同じしゃべり方なので、授業の様子が鮮やかに目の前に浮かんできた。

若かりしあの頃。お金も将来の保証もなにもなかったけど、夢と希望に溢れていた僕の青春時代。ああ、なつかしいなあ！　シュテファン、こんな機会を作ってくれて本当にありがとう！

角皆君のその後

さて、かつて僕を音楽の道に導いた親友の角皆優人君は、その後どうなったのだろうか？　勿論、彼と僕とは生涯を通じて無二の親友であり続けている。しかし、僕たちの仲は不思議だ。会わない時は何年も会わなくても全然構わないし、そうかと思うと、お互いの人生の節目節目に何気なく出現してくる。そして二人の間にはいつもある種の緊

＊2　歌劇場で、自らピアノを弾きながら、歌手たちに稽古を付ける人をコレペティトール Korrepetitor という。音取りから始まって、相手役のパートを歌いながら暗譜にまで付き合う。指揮科では、コレペティトールになるための方法を学ぶ授業がある。

＊3　スコア（総譜）を読むための授業。指揮者は、何段にも及ぶスコアを正しく読み、頭の中に音楽が浮かぶように訓練しなければならない。授業では、クラリネットやホルンなどの移調楽器を読み替えてピアノで弾いたり、教師が差し出すスコアの各声部を即座に頭の中でまとめて、ピアノで弾いたりする。

張関係がある。僕たちはある意味、常にライバルである。何の？　うーん、よく分からない（笑）。

角皆君は、大学生になると突然フリースタイル・スキーに取り憑かれ、あれよあれよという間に全日本チャンピオンに登り詰めてしまった。当時まだホットドッグ・スキーともアクロバット・スキーとも呼ばれ、一部の不良どもの遊びのようにしか扱われていない分野に、彼は青山学院大学を中退してまで賭けた。

モーグル及びジャンプのエアリアルに加えて、あの頃はスノー・バレエという競技があった。分かりやすく言うと、スキーを履いて行うフィギュア・スケートのようなもので、音楽に乗って宙返りしたり様々な演技を行ったりする。その音楽を僕が担当した。ショパンの音楽に夢中になっている時は、ショパン風の曲を作曲したし、ある時はバルトークの作曲技法に魅せられていたので、バルトーク風のピアノ曲を作って「引き裂かれた果実」と名付けた。

「三澤君が、あんな変拍子の難しい曲を書くから、転倒しちゃったじゃないか」

と彼に怒られもした。でも彼は、その後その曲でも優勝したし、三種目総合では、全日本選手権において七回チャンピオンに輝いた。彼は、黎明期におけるフリースタイル・スキーの草分け的存在として大活躍した。

そしてここ数年、僕たちは再び急接近している。きっかけは、ある雑誌でカラヤンの特集が組まれた時、僕たちが誌上で対談をしたことだ。彼は、今や音楽で執筆活動もしているのだ。その時彼が、カラヤンのスキーについてコメントしたことがきっかけで、僕はスキーにハマってしまった。しかもコブを滑るのが大好きになってしまった。

最近僕は、毎年彼の住む白馬にスキー・レッスンをしてもらいに行く。つまり、カラヤンの章で出てきた僕のスキーの先生とは彼のことである。スキーの合間に彼と交わす音楽談義は、毎回実に刺激的だ。実際に演奏に携わる僕とは全く違った視点からコメントする彼の意見に驚くこともしばしばである。

その白馬での夜。彼がぽつりと言った。

「僕が高崎高校一年生の最初の日に、三澤君の机に挨拶しに行った時のこと覚えている？」

「勿論覚えているよ」

「僕はね、実は中学生の時から三澤君のことは知っていたんだ」

「ええっ？」

彼は話してくれた。小学校の頃からよく知能テストというものが行われていた。予習も何の準備もいらない、意味の分からないテスト。そして僕の学校では結果すら知らされなかった。角皆君の学校でも同じように行われていた。

中学校のある時、彼はこんなテストは無意味だと思って、ほとんど白紙に近い状態で出した。すると先生が彼を呼んでこう言った。

「お前はなんて残念なことをしてくれたんだ。いいかよく聞け！　新町中学校に三澤というのがいる。お前とその三澤はいつも群馬県で知能指数の首位を争っていたんだ。それが今回、お前がわざと悪い成績を取ったから、我が校の面目まるつぶれではないか！」

そんなこと言われたって知るかって感じだけど、それ以来、彼はその新町中学校の三澤という存在が気になって仕方がなかったそうだ。それが、高崎高校に入ってみたら、なんと偶然にも同じクラスにいたのだ。それで彼は僕の前に現れたというわけだ。

「あははは、そうだったんだ。だいたいこんなテスト無意味だって感じるところが僕と一緒だよね。僕は白紙では出さなかったけれど。でも、どうして今まで黙っていたのさ？」

「だって、知能テスト自体を無意味に感じていたのだから、その結果の知能指数だって僕にとっては無意味さ。それを言い出すことは、自分がかえってそれにとらわれて得意になっているようで抵抗があったんだ」

知能指数ねえ。僕もいろいろ考えてみた。それを聞いてどうということはない。けれど、僕と角皆君が他の人たちと少しばかり違っていたことを探そうとしたら……探せないことはない。

あの頃、僕たちの周りでは当然のごとく「良い大学に行って良い会社に勤めて」という常識が支配していたし、そのためにみんな勉強していた。でも、僕たちがやっていたのは学問ではなくて受験勉強であった。「大学に行ったら学問が出来るのだから、今は我慢して受験勉強をする」という考えもあるだろう。だが僕は、自分にとって常に〝いま〟が大事だったのだ。今楽しくないものは、僕にとって価値がないのだ。考えてみると、僕は、ずっと今楽しいものだけを追い求めてきた。今をエンジョイすること以外頭になかった。それで結果的に生きてこられちゃったんだから、なんてしあわせな人生なんだろう！

「競争なんて意味がないのだ！」

と暖かい居間で角皆君は言う。外は極寒の白馬の夜にしんしんと雪が降りしきっている。なんて静かな夜。

「ええっ？　トップ・アスリートの君がそれを言うのかい？」

「みんな、オリンピックとかになると、金メダルのことばかり言うだろう。アスリートの気持ちなんてこれっぽっちも分かってないんだ。競争にとらわれているうちは、最高のプレイなんて出来ないんだ。本当に素晴らしいのは自分が自分を超える時。自己ベストに自分自身が挑む時なんだ。最高のプレイが出来た時というのはね、順位や競争のことなんか忘れているんだよ」

そうだ。かつて知能テストの答案を白紙に近い状態で出した彼は、僕よりずっと物事をその本質から考え、正直でラディカルに生きてきた。彼は、長野オリンピック直前までナショナル・チームのヘッド・コーチとして里谷多英選手などを指導していたが、代表選手の選考などに不透明な部分があると抗議して、その職を追われた。その顛末を書いた『流れ星たちの長野オリンピック』は潮賞を受賞した。しかしながら、逆にそのことでスキー界全体からもほとんど追放されてしまった。

それでも彼は生き方を変えなかった。彼は選手たちを本当に愛していたし、彼らが自分の持てる力を存分に発揮出来るようにと心を配っていたのだ。僕は、彼ももう一人のマイルス・デイヴィスであると評価している。

今回、この本の中で触れられているのは、主としてオペラの分野に限られている。新国立劇場を中心としたオペラの活動が、僕の日常生活の大半を占めているのは間違いないからだ。

ただ、僕はその他にバッハの音楽に深く傾倒していて、東京バロック・スコラーズというバッハを専門に演奏する団体を率いてもいる。また「おにころ」「愛はてしなく」「ナディーヌ」という三つのミュージカル作品の台本を書き、作曲し、演出まで手がけている。それを上演する群馬県高崎市の新町歌劇団の活動のユニークさなど、書いてみたいことはまだ沢山ある。いつか、機会が与えられたら、別の本でまた様々な楽しいエピソードを描いてみたい。

謝辞

この本を作るにあたってお力添えいただいた早川書房の坂口玲実さんには心からの感謝の意を捧げたい。そして何よりも僕の全ての欠点を知り尽くし、僕を日々支えてくれている妻千春に、この本を捧げたい。

文庫版付録　僕の好きなオペラ

最初、この章のタイトルを「僕のオペラ案内」としようかと思っていた。しかし、そうすると、読者はこれを初心者に対する客観的なオペラ入門書と捉えてしまう可能性がある。それでは具合が悪いのだ。何故なら、演奏者である僕は、批評家や音楽学者と違って、自分の好みでない作曲家や演奏家は、優れている作品であることが分かっていても、あまり興味ないし、従って実際に知らないのだ。だからこの章は、僕の独断と偏見による好きなオペラの羅列である。そのことをご了解いただいてから、この先を読み進んで下さいね。

最も好きなオペラ

最も好きなオペラを二つ挙げてみろと言われたら、迷わず、ワーグナー作曲「パルジファル」と、モーツァルト作曲「魔笛」を挙げる。ほらね、もう一般の案内書と違うでしょ。この二つの作品の共通点は、〝天才作曲家が円熟の極みにおいて見せた簡素化〟である。

「パルジファル」が簡素だって？　とお思いであろうか。しかしながら、「トリスタンとイゾルデ」や「神々の黄昏」の複雑な和声と深いドラマ性があったからこそ、それらをグーッと凝縮して、この深遠な音楽が存在し得たのである。

「魔笛」もそうだ。パパゲーノのアリアのような単純な有節歌曲がある一方で、鎧を着た二人の武士が歌う「苦難を背負ってさすらう者は」のような複雑なバッハ風コラール幻想曲がある。序曲からして緻密なフーガだ。それらが何の抵抗もなく同居し得ているのが天才の証。[*1]

聴衆や批評家たちが、「パルジファル」は「シェーンベルクなどの無調音楽に向かう調性崩壊としては『トリスタン』より後退した」と評したり（実際にはより前衛的）、「魔笛」は「『フィガロの結婚』より単純だ」と誤解したりするのを、それぞれの作曲家は、むしろ草葉の陰から「してやったり！」とほくそ笑んでいるのではないかな。とにかく、これらは〝誰にでも書けそうで決して誰にも書けない〟音楽史上の奇蹟である。

モーツァルトとワーグナー

もともと、モーツァルトとワーグナーは、オペラの分野では最も好きな作曲家。モーツァルトの、「フィガロの結婚」「ドン・ジョヴァンニ」「女はみんなこうしたもの《コジ・ファン・トゥッテ》」に表現されている、人間の業《ごう》をこれでもかと赤裸々に描く〝冷徹なリアリストとしての眼〟には、ただただ脱帽するしかない。同時に、たとえば「フィガロの結婚」終幕の、伯爵が夫人に許しを請う場面では、傷つけ合わずにはいられない人間存在の悲惨さを見つめる神の慈愛が感じられ、胸が熱くなる。許し合うことがあるからこそ、人は完全でなくても生きていけるのだ。とはいえ、伯爵は、またすぐにでも浮気するのだろうけれどね。

有名どころばかりでは、普通の入門書と変わらないので、僕の好きな作品を挙げると、

＊1　同じメロディーに、一番、二番などの異なった歌詞がつく歌曲。

「後宮からの誘拐」がある。物語は単純で、トルコ人太守の家来オスミンなど、親しみやすくてコミカルなキャラクターが登場する一方で、音楽は、トルコ音楽を取り入れたり、コンスタンツェの超絶技巧のコロラトゥーラ・ソプラノのアリアがあったりと随所に様々な工夫が凝らされていて、天才のきらめきを見せる。

ワーグナーも、どれも大好き。「タンホイザー」では、新約聖書の「ローマ人への手紙」でパウロが提示しているような霊肉の相克が表現されている。これはワーグナーの生涯を貫くテーマ。最後の新緑の奇蹟では究極のカタルシスを感じる。ただ、この作品で否定されたヴェーヌス的愛慾の世界は、後の「トリスタンとイゾルデ」で肯定され、愛慾への耽溺の末に「愛の死」という疑似ニルヴァーナ（涅槃）に無理矢理持って行くのが凡人でない。

「ローエングリン」でも、オルトルートが祈りを捧げるヴォータン、フライアという異教が、キリスト教的世界と対立し敗北することで否定されるように見えるが、後に「ニーベルングの指環」で、ワーグナーは、なんとその北方神話を題材にし、異教的世界を描き切るのだ。だから、彼が自分の作品の中で否定したからといって軽々しく扱ってはいけない。取り上げたのは関心がある証拠。彼は実は両方の世界を愛している。救済も快楽も、キリスト教も異教も。

この「ローエングリン」第二幕冒頭のフリードリヒとオルトルートの対話の場面で、僕は劇場音楽の中に〝邪悪というものの表現〟が初めて持ち込まれたと思っている。

また「ニーベルングの指環」四部作では、ストーリー・テリング（おはなしを語ること）が最重要なのだ。「ワルキューレ」第二幕のヴォータンの語りや、「神々の黄昏」序幕のノルンの場面を退屈だと思ってはいけない。

ワーグナーは、メロディーに歌詞を乗せているのではない。歌手が語るテキストの語感からくる抑揚やニュアンス、あるいはスピード感を、そのまま生け捕りにして、あの朗誦風メロディーを作るのだ。そして管弦楽は、バックから意味内容を克明に描写していく。楽劇ならではのこうした独創的表現法は、ストーリー・テリングのために発明されたのであり、こういう個所を味わえてこそ、真のワグネリアンといえる。

ヴェルディ

さて、イタリア・オペラに行こう。僕は若い頃、ヴェルディの音楽をあまり理解していなかった。有名な「リゴレット」の「女心の歌」にしても、和声的にはI度とV度[*2]ばっかりと単純すぎて、指揮者をめざしていた学生にとっては真面目に取り組むに値しないような気がしていた。ところが歳を取って、オペラの畑で経験を重ねていく間に、どんどんヴェルディが好きになってきた。なにか、丸腰で、ハイテク兵器に身を包んだワーグナーと互角に戦っているような潔さを感じる。それに、切れば真っ赤な血がしたたり落ちるようなリアルな人間を描くという意味で、ワーグナーとは対極にある。

彼の中期の作品群に属する「リゴレット」は、オペラの中に〝醜いもの〟が意図的に持ち込まれた大胆な作品だ。彼は、それまでの美男美女という主人公像とは対照的に、現代においては〝差別〟として退けられるような、外見上も性格も醜い道化師リゴレットを主人公に設定する。そして、その娘である美しいジルダと「美女と野獣」のように対比させることで、ドラマに深みを与えることに成功しているのだ。

ヴェルディには、元来マイノリティへの共感というものがある。それは、彼が描くほぼ全てのオペラに何かしらの影響を投げかけている。「椿姫」の高級娼婦ヴィオレッタも、ある意味マイノリティだ。恋人アルフレードの父であり、常識的社会の象徴であるジェルモンから、アルフレードの妹の縁談に差し支えるといって別離を強要される。「運命の力」のドン・アルヴァーロは、インカ帝国の生まれという引け目があることによって、ネガティヴな運命から逃れられない。

ただ、リゴレットのように、極端に人々の反感を買ってしまうようなアウトサイダー的存在は、その後は主人公になるよりも脇役として、ロマの女アズチェーナ（「イル・トロヴァトーレ」）、ウルリカ（「仮面舞踏会」）、プレツィオジッラ（「運命の力」）などへと受け継がれていき、ストーリーに翳りを与える役割を担っていく。

「ドン・カルロ」は、ヴェルディの中で最も好きな作品だ。メロディー・ラインは相変わらず美しいが、美しいだけではなく、必ず具体的な事柄を濃厚に表現している。伴奏する管弦楽もより雄弁になってきている。しかしながら、あくまで歌手のメロディーにこだわっている点がワーグナーと異なり、メロディーの表現力ではワーグナーに勝っている。

声楽科の学生の頃から、カルロ王子とロドリーゴ侯爵の男の友情に胸を熱くしていた僕は、バリトンだったから、ロドリーゴの「私は死んでゆく」のアリアをよく歌っていた。フィリッポ王の「独り淋しく眠ろう」も大好き。権力の頂点に居て、何もかも思いのまま手に入れているはずなのに、王妃の愛だけはどうしても得られない。深い孤独感が美しいメロディーに乗せて切々と歌われると、くー、たまりませんな。こういうのは、どんなに才能があっても若い時には書けない。巨匠も、こうした境地にまで到達するた

＊2　たとえば、ハ長調のⅠ度ならドミソの和音、Ⅴ度ならソシレの和音。

めには、年輪を重ねる必要があったのだ。

さて、ワグネリアンである僕が最も評価しているヴェルディの二作品は、晩年の「オテッロ」と「ファルスタッフ」だ。この二つだけは嫌いというヴェルディ・ファンをいっぱい知っているのだけれどね。

何故かというと、ここにはもうアリアとレシタティーヴォという区別は存在しないし、和声は複雑になって、これまでのヴェルディとは別人のようだ。ヴェルディは、ワーグナーの死後、何かから解き放たれたようにワーグナーを深く研究したようだ。しかし、出来上がったものは勿論、ワーグナーの亜流などではなく、ヴェルディ独自の新しい表現形式を持っている。

二つとも序曲を置かず、冒頭からドラマの真っ只中に聴衆を引きずり込んでゆく。特に「オテッロ」の嵐の場面は、それだけ取り出しても、これまでヴェルディが創作した全ての劇場音楽の頂点に立つのではないか。

主人公オテッロの人間像は、原作のシェークスピアよりも、自身のムーア人であるというマイノリティ意識が、妻デズデーモナへの嫉妬心をより内面に追い込んでしまうよう表現されている。

一方、オテッロを貶めるイヤーゴという存在は、原作とは異なって最初から徹底的にワルであるという単純化が図られている。そのイヤーゴによる悪の信仰宣言「クレード」というアリアは圧巻。ヴェルディの表現主義が最も効果的に花開いた、オペラ史上に燦然と輝くアリアである。

ヴェルディの最後のオペラ「ファルスタッフ」の終幕は、「人生みなおふざけさ」という、八〇歳の老人が書いたとは思えないような大団円。しかも、この簡単ではないフーガを声楽に委ね、「最後に笑った者は、最も良く笑う」という合唱の歌い終わりで、一同高笑いして幕が下りる。人生を笑い飛ばして彼は生涯を閉じたわけだ。

ワーグナーの最後の作品である「パルジファル」の終幕となんとかけ離れていることか。「パルジファル」では、合唱は管弦楽と完全に溶けあい、もはや声楽が加わっているのかさえ分からない〝曰く言い難き〟音響となって、法悦の極みに達する。でも、僕は、それぞれの巨匠が最後に辿り着いた境地として、どっちも真実であると思うし、どっちも好きだ。

プッチーニ

イタリア人の中に、ヴェルディは大好きだけれど、プッチーニを好まない人がいる。

指揮者のリッカルド・ムーティもそのひとりだ。何故なんだろう、と考えてみたけれど明確な答えは見つからない。けれど、これだけは分かる。プッチーニは、恋愛劇を書くことだけに専念した。特にヒロインを溺愛しながらオペラを仕上げ、人々はヒロインの運命に涙するのだ。実際、プッチーニは、たとえば「ラ・ボエーム」を作曲していた時には、

「ミミ！　ミミ！」

とヒロインの名を叫び、泣きながら筆を進めていたと伝えられる。マッチョなイタリア人男性は、そこが許せないのかな。ヴェルディと違って薄っぺらく女々しいと感じるのかも知れない。

でも僕は、プッチーニをこよなく愛している。あの管弦楽の色彩感と音楽のセンスの良さが好きなのだ。作曲学的には、ワーグナーの影響を多分に受けていて、ドラマと音楽との融合を図っているが、それでいながら、誰が聴いてもただちに分かるほど、あの甘く切ないプッチーニ節のメロディーが聴衆を魅了する。なんといっても、ワーグナーのように長過ぎないのがいい。

ただ、一方でそれが欠点にもなっている。「ラ・ボエーム」第二幕のクリスマス・イブの街角で、ロドルフォがミミに向かってさりげなく言う、

「誰を見てるの？」

という短いセリフを聴き逃してしまうと、ロドルフォの中に芽生えたミミに対する嫉妬心に気付かなくて、第三幕の別離までのモチベーションが理解出来なくなる。ワーグナーみたいに何度も言わないからね。

「トスカ」「蝶々夫人」「トゥーランドット」と主要作品はくまなく大好きだけれど、僕が特に愛しているのは、たとえば「マノン・レスコー」の第一幕。

「青春、それが僕たちの名前。希望、それが僕たちの女神さ！」

という歌詞と、それにつけられた音楽に胸キュンとなるのは、六〇歳の老人にふさわしくないかな。

それから「西部の娘」がロマンチックで好き。プッチーニはご当地オペラを好んで作っている。パリや日本や中国を舞台にオペラを書き、異国情緒溢れるメロディーを巧みに盛り込むのだ。アメリカの西部開拓時代を描いたこの作品でも、ラグタイムが流れる中、保安官ジャック・ランスが、酒場の女主人ミニーに横恋慕する。ミニーが惹かれている見知らぬよそ者は、実は残忍な強盗ラメレス。西部劇さながらのありがちなストーリー展開である。愛する二人が、住み慣れたカリフォルニアを後にして、異国の地に向かって旅立って行くラストシーンが素敵。二人の歌声が舞台裏でだんだん遠ざかっていく。それが醸し出す美しい余韻が、終演後もしばらく残る。

いろいろな作曲家の作品

さて、前に挙げた作曲家以外の作品をアトランダムに並べてみよう。僕がもし声楽家になれたなら、演じてみたい役の筆頭として、ジョルダーノ作曲「アンドレア・シェニエ」のジェラールがある。特に第三幕の「祖国の敵」というアリアが大好きだ。「アンドレア・シェニエ」は、フランス革命を題材としたオペラだ。しかも革命前夜の貴族の館から、革命の成功に酔っている時代を経て、恐怖政治や諸外国からの攻撃にさらされ、革命が行き詰まってくる時までを克明に描いている。

ジェラールは貴族の下僕から革命政府の一員となるが、自分が仕えていた伯爵令嬢のマッダレーナを愛していて、恋敵であるシェニエを陥れようとする。しかし、このアリアでは、彼の欲望を自分の良心の声が咎めるのだ。「トスカ」のスカルピアのような、どこまでも破廉恥な悪人かと思っていると、案外良い人なのだ。往年の名バリトンであるエットーレ・バスティアニーニが心の葛藤を見事に描き出している。彼は、いつも僕のあこがれの的であり続けている。

世界中の劇場で最も上演回数の多いオペラってなんだか知っていますか？　それは、ビゼー作曲の「カルメン」なのだ。ところがこれは、元々はオペラというよりはオペレッタに近い〝オペラ・コミック〟といわれる様式で書かれている。セリフが入っていて、フォーマルなアリアの代わりに、ハバネラなどのようなスペインの民族色を加えた親しみやすい曲が並ぶ。だから、通には軽んじられる傾向にある。

僕が、ここで何故「カルメン」を取り上げたかというと、カルメンという主人公の人物設定とストーリーに独創的なものを感じるからだ。先ほどのヴェルディの時にも話題になったが、カルメンも、ヨーロッパ社会ではアウトサイダーであるロマ族である。しかしながら、ここではロマ族の特異性がむしろ強調されている。たとえばカルメンが第三幕でジプシー占いを行うと、自分は死ぬと出る。その瞬間、彼女は自分の運命を悟り覚悟を決める。ロマの占いが当たることは、一般市民に広く信じられていたのである。

カルメンは自由に生き、自由に死んでいく奔放な女。そこに善悪の意識はない。終幕の闘牛場前の広場で、ナイフを出して脅すホセにもひるまず、むしろ自ら命を投げ出していく。その潔さは、死ぬ運命を知っていて、あえてエルサレムに入城していくキリストにも通じるものがある。彼女は嫉妬するホセに殺されたのではなく、命を賭けて自由を守り抜いたのである。だから僕は、ドロドロした殺人劇にも見えるこの作品の結末で、すがすがしいカタルシスすら感じるのだ。

ワグネリアンの僕だから、当然リヒャルト・シュトラウスのオペラも好きだと読者はお思いであろうが、はっきり言って「薔薇の騎士」さえあればいいかなと思っている。勿論、新国立劇場で上演した「サロメ」や「アラベッラ」、「影のない女」あるいは「ナクソス島のアリアドネ」などは、やっていれば楽しいし、音楽も、フルコースのフレンチのようなデリシャスな香りを放っているが、あんなに有り余る才能を持ちながら、どうしてもこれを作りたいという命を賭けた感がないのが残念だ。

でも、「薔薇の騎士」の第一幕ラストの元帥夫人のシーンはいつも胸を打つ。このオペラのテーマは、〝移ろいゆく時の中で生きている人間存在の脆さ〟。自分の中に、音もなく忍び寄ってくる〝老い〟を感じている元帥夫人は、彼女を慕ってくる若いオクタヴィアンが、いつか自分から離れていくことを知っている。

終幕の三重唱の後、若いカップルを見つめながら静かに去ってゆく元帥夫人の姿も感動的だが、まだ現実化していないことを予感して物思いにふける第一幕の方が、より哀しみを感じる。このような諸行無常の世界を描くことは、ワーグナーの思いもしなかったことで、シュトラウスの独壇場である。

二〇世紀のオペラに触れたついでに、ドビュッシーの「ペレアスとメリザンド」を挙げてみよう。ドビュッシーは最初ワグネリアンで、「パルジファル」をバイロイトで観て心酔したが、次の年に「トリスタンとイゾルデ」を観て深く失望し、それからはアンチ・ワーグナーを通した。彼はワーグナーに反して、

「愛してる！」

というセリフを、大管弦楽を沈黙させてささやくように歌わせる。その劇的効果をもって、ドビュッシーはワーグナーを超えた。彼は始終ドラマチックに盛り上がることを意図的に避けている。ドビュッシー特有の全音階的な和声が調性をぼかし、不確定な世界を映し出していく。主人公のメリザンドも、それを愛するペレアスも、夢や影のような薄い存在感。その中でメリザンドの夫ゴローの嫉妬だけが、現実味を持っている。

心を研ぎ澄ませて味わうならば、この作品全体には、いいようのない哀しさと気品が漂っている。こんな素敵なオペラが、なかなか上演されないのはとても残念。

ドビュッシーが話題になると、いつもラヴェルの話になる。この二人はちょっとワーグナーとシュトラウスの関係に近い。観念的と現実的。後者が、前者の手法をパクりな

がら、管弦楽法をはじめとするセンスがより洗練されている点が似ている。ラヴェルの「子供と魔法」は、可愛く屈託がなくて楽しい。一方「スペインの時」にはオトナのエスプリが効いていて、随所で「うふふ……」という含み笑いを思わずしてしまう。

フランスの作曲家で、あまり公には語っていないが、僕の好きな作曲家がいる。プーランクだ。一時は、プーランク研究家になろうかと思ったくらいだ。宗教曲を案外沢山書いているので好きなのだが、オペラは三作残している。その中で、マニアックと言われるのを承知で、ジャン・コクトーの台本に作曲した「人間の声」というモノ・オペラを挙げよう。

登場人物はソプラノひとり。舞台はアパルトマンの一室。別れた恋人と電話で会話するだけのオペラ。恋人は明日結婚するらしい。女性は一度睡眠薬自殺を図ったようだ。昔、東京オペラ・プロデュースでピアニスト兼副指揮者をしていた時、家で歌いながらピアノを練習していたら、隣室にいた妻が泣いていた。ラストシーンでは、女が電話線を首に巻き付けていく。

なんともやるせない内容だが、色彩的な管弦楽が随所で突然止まり、その沈黙がもたらす表現が実に独創的だ。雄弁な管弦楽よりも沈黙こそ金なりということだ。「ペレアスとメリザンド」同様、沈黙を表現に使うのは、プーランクがドビュッシーの遺産を受け継いでいる証か？

ブリテンの「ピーター・グライムズ」は別の章で書いたが、ブリテンで僕がとても惹かれる作品がある。「ねじの回転」である。これはとても内面的な心理劇なので、ストーリー自体は分かっても、その背後にある美意識やコンセプトにまで理解が至らない場合が多いけれど、このオペラのテーマは、要するに、インノセント（無垢）を守るための戦いである。

邪悪な死霊ピーター・クィントとの戦いで、何故マイルズは死ななければならなかったかと問うより、マイルズが命を賭けてまで守らなければならなかったものは何か、ということに思いを馳せてみよう。

最近あまり上演されないが、イタリア出身でアメリカで活躍したジャン＝カルロ・メノッティが書いたオペラは、どれも面白い。たとえば「電話」。電話ばかりかけているルーシーという女性にプロポーズしようとしたベンは、かかってくる電話にことごとく邪魔されてしまう。意を決したベンはルーシーの家を出て行き、公衆電話からプロポーズしてハッピーエンド。音楽は親しみやすい中に現代的なサウンドも聞かれ、音楽とドラマとの一体感は秀逸。他に、コミカルな「泥棒とオールドミス」、クリスマスにちなんだ「アマールと夜の訪問者」などあるが、「霊媒」だけは気持ち悪い。オペラの中で降霊が行われるんだ。ちょっと霊感のある僕は、このオペラをやると、何か来ているのを感じて背筋が寒くなってしまうのだ。

同じ理由で、僕はアルバン・ベルクの「ヴォツェック」や「ルル」が駄目なんだ。ツィンマーマンの「軍人たち」もそう。別に無調だから嫌いというのではない。音楽的興味だけに的を絞って聴いていると楽しいのだが、立ち稽古になって演技が入ったり、舞台上で見ると、やっぱりゾクッとするんだ。ひどい時には鬱状態に陥ってしまう。

どうやら、それを作った時の作曲家の精神状態に反応してしまうようだ。本当に困るのだけど、仕事しないといけないので、何か楽しいことを思い出して、物語の内容にのめり込まないよう距離を置いて関わるのだ。舞台ってね、案外霊的な場所なのだよ。

我が国のオペラでは、松村禎三作曲の「沈黙」が文句なしにナンバーワンだ。このオペラの最後で主人公のロドリゴが踏み絵をするシーンがある。原作である遠藤周作氏の小説では、踏み絵のキリストが、

「踏むがいい。そのために私はいるのだから」

とロドリゴに向かって語りかけ、対話が始まる。しかし台本も手がけた作曲家の松村氏は、熟考を重ねた結果、それらの言葉をバッサリ切り捨て、その代わり、舞台裏合唱に、ラテン語によるOra ora pro nobis（我らのために祈り給え）という天上的な音楽を歌わせて幕切れとした。

ところが、初演の後のパーティーで、成功の喜びに浸っている満場の出席者を前にして、遠藤氏は、

「これは私の『沈黙』ではありません！」

と不機嫌に言い放った。一同、まさにシーンと沈黙してしまった。

僕には、両方の立場がよく分かる。言葉で勝負している遠藤氏にとって、一番大切な場面で、自分の書いたキリストの大切な言葉を抹殺するとはなにごとか、という気持ちだろう。しかしながら、僕は松村氏の判断は、それはそれで正しかったとも思うのだ。松村氏は、オペラというジャンルが表現し得るギリギリのところで勝負を賭けたと思う。

踏み絵の前にひとりたたずむロドリゴの背景から、大気に溶け込むような合唱が静かに流れる。神は決して沈黙などしていない。そのいつくしみは空間に充ち満ちているではないか、ということを聴衆は肌で感じられるのだ。こんな見事なフィナーレはあろうか。

これこそがオペラだ。オペラは、文学とも演劇とも違って、独自の表現の世界を持っている。音楽は、言葉を得てドラマチックに盛り上がるが、時として、言葉が沈黙した瞬間に翼を得て飛翔する。そうした危うい均衡の中に、オペラ作曲家たちは命を賭け、新しい表現の地平を指し示す。

オペラってなんて素晴らしいんだろう！　そして、そんな素晴らしいオペラをお仕事にして日常的に接することを許されている僕って、なんてしあわせな人生だろう！

著者紹介：三澤洋史（みさわ・ひろふみ）

1955年、群馬県高崎市新町生まれ。国立音楽大学声楽科を卒業後、ベルリン芸術大学指揮科を首席で卒業。2001年9月より新国立劇場で専属の合唱指揮者を務める。また、1999年から2003年まで、バイロイト音楽祭で祝祭合唱団指導スタッフとして従事。日本における合唱指揮の第一人者として広く知られる。新国立劇場では「蝶々夫人」や「ヘンゼルとグレーテル」などの公演を指揮。そのほかベルリン交響楽団、ダブリン・聖セシリア管弦楽団、ブダペスト・MAV交響楽団、モナコ・モンテカルロ・フィルハーモニー管弦楽団、東京交響楽団、東京フィルハーモニー交響楽団等を指揮して高い評価を得ている。作曲や台本、演出も手がけ、主な作品に、ミュージカル「おにころ」、「愛はてしなく」、「ナディーヌ」などがある。「新国立劇場 こどものためのオペラ劇場」のために、ワーグナー作曲「ニーベルングの指環」をわずか1時間にまとめて編曲した「ジークフリートの冒険」は、ウィーン国立歌劇場、チューリヒ歌劇場でも取り上げられ、各紙で絶賛された。日本顕彰会より社会貢献者賞受賞、上毛新聞社より上毛音楽賞受賞。2013年8月の名古屋におけるワーグナー作曲「パルジファル」公演で、名古屋音楽ペンクラブ賞を受賞。

本書は、二〇一四年十月に早川書房より単行本
として刊行された作品を文庫化したものです。

音楽嗜好症《ミュージコフィリア》
――脳神経科医と音楽に憑かれた人々

Musicophilia
オリヴァー・サックス
大田直子訳
ハヤカワ文庫NF

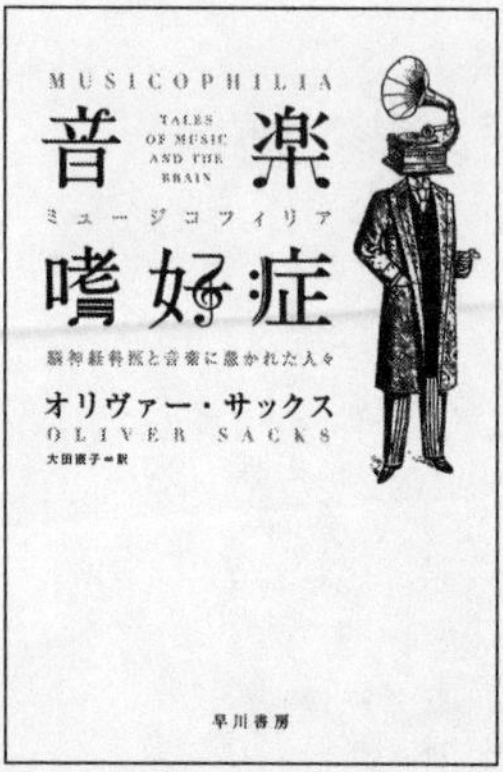

ピーター・バラカン氏絶賛！
池谷裕二氏推薦！

落雷による臨死状態から回復するやピアノ演奏にのめり込んだ医師、指揮や歌うことはできても物事を数秒しか覚えていられない音楽家など、音楽と精神や行動が摩訶不思議に関係する人々を、脳神経科医が豊富な臨床経験をもとに描く医学エッセイ。解説／成毛眞

色のない島へ
——脳神経科医のミクロネシア探訪記

The Island of the Colorblind

オリヴァー・サックス

大庭紀雄監訳　春日井晶子訳

ハヤカワ文庫NF

川上弘美氏著『大好きな本』で紹介！
閉ざされた島に残る謎の風土病の原因とは？

モノトーンの視覚世界をもつ人々の島、原因不明の神経病が多発する島——ミクロネシアの小島を訪れた脳神経科医が、歴史や生活習慣を探り、思いがけない仮説に辿りつく。美しく豊かな自然とそこで暮らす人々の生命力を力強く描く感動の探訪記。解説／大庭紀雄

これからの「正義」の話をしよう

――いまを生き延びるための哲学

Justice

マイケル・サンデル
鬼澤 忍訳

ハヤカワ文庫ＮＦ

これが、ハーバード大学史上最多の履修者数を誇る名講義。

１人を殺せば５人を救える状況があったとしたら、あなたはその１人を殺すべきか？　経済危機から戦後補償まで、現代を覆う困難の奥に潜む、「正義」をめぐる哲学的課題を鮮やかに再検証する。ＮＨＫ教育テレビ『ハーバード白熱教室』の人気教授が贈る名講義。

それをお金で買いますか
――市場主義の限界

What Money Can't Buy

マイケル・サンデル
鬼澤　忍訳
ハヤカワ文庫ＮＦ

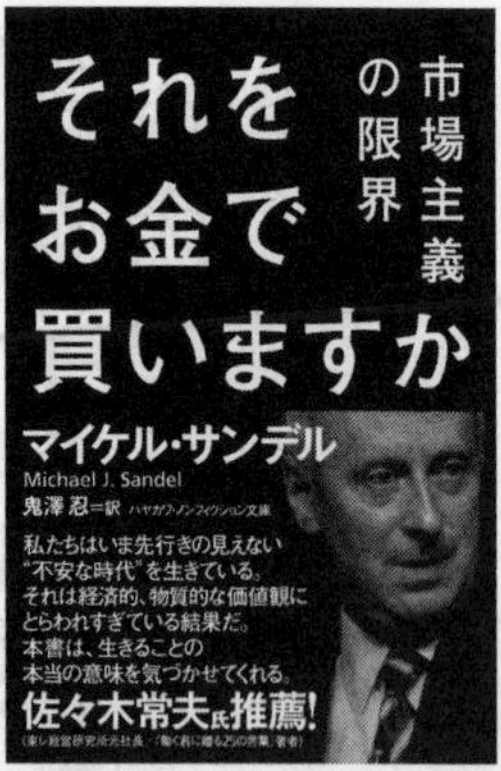

『これからの「正義」の話をしよう』のハーバード大学人気教授の哲学書

私たちは、あらゆるものがカネで取引される時代に生きている。民間会社が戦争を請け負い、臓器が売買され、公共施設の命名権がオークションにかけられる。こうした取引ははたして「正義」なのか？　社会にはびこる市場主義をめぐる命題にサンデル教授が挑む！

ファスト&スロー（上・下）
——あなたの意思はどのように決まるか？

Thinking, Fast and Slow

ダニエル・カーネマン

村井章子 訳

友野典男 解説

ハヤカワ文庫NF

心理学者にしてノーベル経済学賞に輝く
カーネマンの代表的著作！

直感的、感情的な「速い思考」と意識的、論理的な「遅い思考」の比喩を使いながら、人間の「意思決定」の仕組みを解き明かす。私たちの意思はどれほど「認知的錯覚」の影響を受けるのか？　あなたの人間観、世界観を一変させる傑作ノンフィクション。

HM=Hayakawa Mystery
SF=Science Fiction
JA=Japanese Author
NV=Novel
NF=Nonfiction
FT=Fantasy

オペラ座《ざ》のお仕事《しごと》
世界最高の舞台をつくる

〈NF477〉

二〇一六年九月二十日　印刷
二〇一六年九月二十五日　発行
（定価はカバーに表示してあります）

著者　三《み》澤《さわ》洋《ひろ》史《ふみ》
発行者　早川浩
印刷者　大柴正明
発行所　株式会社　早川書房

郵便番号　一〇一 - 〇〇四六
東京都千代田区神田多町二ノ二
電話　〇三 - 三二五二 - 三一一一（大代表）
振替　〇〇一六〇 - 三 - 四七七九九
http://www.hayakawa-online.co.jp

印刷・株式会社亨有堂印刷所　製本・株式会社フォーネット社

ISBN978-4-15-050477-9 C0173

本書は活字が大きく読みやすい〈トールサイズ〉です。